武术基本功训练

马勇志 主编

北京体育大学出版社

策划编辑：王泓滢　李　涛
责任编辑：王泓滢
责任校对：王芳肖
版式设计：沐凡文化

图书在版编目（CIP）数据

武术基本功训练 / 马勇志主编 . -- 北京 : 北京体育大学出版社, 2025. 9. -- ISBN 978-7-5644-4249-1

Ⅰ . G852

中国国家版本馆 CIP 数据核字第 20245ZJ205 号

武术基本功训练

WUSHU JIBENGONG XUNLIAN

马勇志　主编

出版发行：北京体育大学出版社
地　　址：北京市海淀区农大南路1号院2号楼2层办公B-212
邮　　编：100084
网　　址：http://cbs.bsu.edu.cn
发 行 部：010-62989320
邮 购 部：北京体育大学出版社读者服务部 010-62989432
印　　刷：北京科信印刷有限公司
开　　本：710mm × 1000mm　1/16
成品尺寸：170mm × 240mm
印　　张：10.25
字　　数：190千字
版　　次：2025年9月第1版
印　　次：2025年9月第1次印刷
定　　价：48.00元

编委会

前言

武术是中华优秀传统文化，是民族文化遗产，作为中华民族传统体育项目，它有着深厚的群众基础。随着国家对中华优秀传统文化的日益重视，武术事业得到了蓬勃发展。现在，武术越来越受到国内外广大爱好者，尤其是青少年的喜爱。自武术进校园等一系列活动开展以来，武术已经成为全国众多中小学的校本课程，也是许多高等院校的必修课。

武术源于中国，属于世界，目前已是青年奥林匹克运动会、亚洲运动会和世界大学生运动会的正式比赛项目，也是国内公安、军队的练习项目和训练手段之一。学习武术既可以提高人体的速度、力量、灵敏、耐力等身体素质，也能增强身体的抵抗力和反应能力；不但能提高防身自卫能力，而且对培养青少年机智、顽强、勇敢、果断的品质以及对培养青少年的武德都有很高的实用价值。

清华大学非常重视体育，体育文化底蕴深厚。武术运动自1913年就进入清华校园，有着广泛的学生基础，深受学生们的喜爱。当初校园内既有以西式体育训练为主的足球、篮球、棒球、田径、网球等，又有以开展拳击为主的技击会。除了校方组织外，还有早期学生自发组织的相关体育团体，如1913年由高级班学生发起的“武德会”，以“研究中国武术，强健身体”为目的。从清华建校初期李剑秋先生的倡导开始，武术在清华园里已走过了百余年的历程。现在清华拳课程为清华大一学生的必修课；大二、大三、大四年级开设了武术长短器械、长拳、太极拳、咏春拳、散打等课程。从协会、代表队到每年的“马约翰杯”武术套路比赛，武术运动在清华园里红红火火地开展起来。

在清华大学，武术课致力于对学生的全面培养，不仅促进学生德（武德认知）、智（应变智慧）、体（强健体魄）、美（动作姿态、精神气质）、劳（刻苦训练、锤炼意志）的全面发展，还贯穿学生身心健康教育、健全人格塑造、民族传统体育文化传承以及综合能力培养的全人教育过程。武术基本功是武术的基础，想要练好武术，基本功尤为重要。因此《武术基本功训练》教材建设对于更好地开展武术类课程教学、提高学生的训练水平具有重要意义。本教材既可以作为学生进行武术专业课学习和训练的重要指导，也可以作为学生平时自学和课后练习的参考。作为对武术教学和理论研究的重要补充，它也会更进一步激发学生的习武兴趣。

清华大学非常重视教材建设，认为高水平教材建设是建设世界一流大学的重要组成部分，是大学影响力的重要体现和重要指标之一。高水平教材既是学校人才培养的重要资源，也是人才培养水平和质量的体现。希望本教材的出版能为学生及武术爱好者提供帮助和借鉴，并可以有效地帮助他们弥补在体育运动能力方面的不足，提高他们学习武术的效率。同时希望本教材能够加深学生对体育运动的热爱，帮助其增强终身锻炼的意识，养成终身锻炼的习惯。

当今，世界各国的竞争，既有硬实力的对抗，也有软实力的比拼。少年强则国强。实现中华民族伟大复兴的中国梦，青年一代要肩负起重大的历史责任，他们不但要有过硬的业务素养，还要有良好的道德修养和强健的体魄，更要有责任和义务把中华优秀传统文化加以继承、发扬和光大。

对本教材的撰写与出版，我首先要感谢清华大学体育部领导的大力支持；感谢我的老师们对我长期的谆谆教导和无私培养；也感谢同事们的密切合作与付出。在撰写本教材的过程中，我得到了多位专家的指导，以及清华大学、北京体育大学多名学生的协助，在此一并表示衷心的感谢！

由于本人水平有限，书中难免有不妥之处，敬请专家、同人批评指正，提出宝贵意见。

马勇志

2024年10月

目录

第一章　武术运动概述

中华武术源远流长，有着悠久的历史和广泛的群众基础，是中华民族在长期的生活与生产实践中逐步积累和发展起来的一项宝贵的文化遗产。武术的内容丰富多彩、形式多样、风格独特，具有强身健体、防身自卫、锻炼意志、陶冶性情、竞技比赛、娱乐观赏、交流技艺、增进友谊的功能，是一项具有较大的社会价值和深厚的民族文化底蕴的中华民族传统体育项目。

第一节　武术运动简介

武术是以攻防技击为主要技术内容、以套路演练和散打对抗为运动形式，注重内外兼修，具有中华民族文化特色的民族传统体育项目之一。

武术的主要技术内容为攻防技击。技击术不是中国独有的，世界上不同文化、不同地域造就了各种技击术，如拳击、柔道、跆拳道、泰拳、击剑等。武术是中国人民长期以来以自己的思维方式、行为准则、价值观念、审美情趣，经历了历代习武者的砥砺揣摩、千锤百炼而形成的具有中华民族文化特色的技击术。它是基于踢、打、摔、拿、击、刺等技击动作，通过徒手或借助各种器械来表现攻防格斗的技能。武术的技击方法丰富多变，是其他国外技击术无法比拟的，如腿法有勾、踩、扫、弹、蹬、踹、铲、点、挂、摆、缠等；拳法有冲、劈、砍、挑、砸、盖、钻、扫、崩、挂、贯、撩、扣、鞭等；掌法有劈、砍、切、削、推、按、压、拍、扇、穿、插、抹、挑等；还有各种摔法、拿法、肘法、膝法等不同形式的技术。

武术的运动形式既有套路的，也有对抗的。套路演练和散打对抗是武术的两种运动形式。武术的技击性既可通过套路演练形式体现出来，又可通过徒手、器械等散打对抗形式体现出来。套路演练的内容包括各种门派、各种风格的拳术和器械套路；散打对抗的内容包括散打、擒拿、摔跤、太极推手，以及长兵器对抗、短兵器对抗，等等。

武术是具有中华民族文化特色的民族传统体育项目。武术在中国传统文化中孕育、产生、发展，自然地融会了易学、哲学、中医学、伦理学、兵学、美学等多种中国传统文化思想和文化观念，诸如整体观、阴阳观、形神论、动静说、刚柔说，注重内外兼修，逐步形成了独具民族特色的武术文化体系。

第二节　武术运动的形成与发展

一、武术运动的形成及其发展概况

（一）武术运动的起源及其原始形态

在漫长的原始社会里，伴随着人类文明的出现，武术在远古先人的各种实践活动中开始萌发。武术的本质是技击，因此，考察武术的起源，要从考察原始人类何时产生技击能力开始。

远古时期，人类处于生产力水平极其低下、自然环境十分恶劣的生存状态。为了生存，人类不得不与自然斗，不得不与兽类斗。在原始的狩猎活动中，人类逐渐学会了使用木棒、石头等器具击打野兽的方法。经过数万年的这种基于本能的、自发的、随意的身体动作经验的积累，人类逐渐发展出一定的击刺技巧、攻防姿态与动作。旧石器时代晚期，人类制造石器等生产工具有了较大发展。新石器时代，人类已经能较广泛地运用弓箭来狩猎了。由于生产、狩猎工具的不断创新，人类在劈、砍、击、刺等动作方法上积累了更为丰富的经验，为武术的产生奠定了基础。

在原始社会时期，为了争夺食物和领地，原始人群经常发生争斗。到了原始社会末期，随着生产力水平的提高、私有制的萌发，氏族与部落之间开始出现有组织的较大规模的战争。这些战争使人与兽斗的工具和技能开始转化为人与人之间搏杀格斗的工具和技能，并有力地促进了器械的制作以及技击术的产生和发展。如《世本》记载：蚩尤作“五兵”，即戈、殳、戟、酋矛、夷矛。兵器的丰富，必然导致使用这些兵器的技术不断丰富和发展。可以说，正是人与人之间的搏杀格斗才使大量磨制锋利的生产工具逐渐演变为兵器。人类使用兵器的技艺及战争所需的格斗技能，也逐渐从生产技术中分离出来，为武术的产生与发展创造了必要的条件。

根据史料记载，原始社会的人在参与狩猎、战争等活动的前后，一般要跳“武舞”。“武舞”是对狩猎或战争场景的模拟，人类在“武舞”中幻想以击、刺、杀、伐等动作来产生一种超自然的力量，以战胜对手和敌人。从实际效果来看，它既是一种格斗技能操练的形式，也是一种用以宣扬武威的手段。可以说，“武舞”是原始社会时期人类将宗教祭祀、教育、娱乐以及格斗训练集于一体的活动方式。它是原始社会多位一体文化形态的重要组成部分，也是武术最主要的原始形态。

（二）古代武术发展概况

在人类生产活动中，格斗术由徒手搏击到持械格斗并演变为现代的体育运动，在世界各个区域的人类活动中都曾出现过，如拳击、击剑、泰拳等。但从原始格斗术发展成为技击、“武舞”一体、内外兼修的武术形式，则是由中华民族特有的文化传统孕育的。

夏朝的建立标志着中国社会从氏族公社的原始社会进入奴隶社会，奴隶主贵族之间的频繁战争进一步推动了技击术的发展。当时的作战形式主要是车战，为了适应车战，加之冶炼技术的发展，各类做工精良的青铜兵器大量配备军队，并且形制也有许多改进，组合得更加合理，如戈与矛结合而产生的戟等。在商周时期，“田猎”和“武舞”成了武技训练的主要手段。“田猎”是训练士兵对各种武器的使用及驭马驾车技术，“以田猎习战阵”。“田猎”是集身体、技术、战术训练于一体的综合训练。此时的“武舞”则由原始时期的“武舞”发展而来，是将用于实战的格斗经验按一定的程式来训练士兵的方法。

春秋战国时期是我国由奴隶社会向封建社会转型的剧烈动荡时代。各诸侯国攻城略地，战事频繁，练兵习武得到空前的重视和发展。如齐桓公每年春秋两季都要通过“角试”（比武角力）来选拔人才。当时的战争已由以车战为主转为以步兵和骑兵作战为主，冶炼技术的发展也使铁制兵器（尤其是铁剑）大量配备军队。作战形式和兵器的改进，为武技的发展创造了更为有利的条件。随着奴隶社会的瓦解，奴隶主、贵族在军队和教育方面垄断武技的局面被打破，“士”阶层和“游侠”的出现标志着武技开始走向民间，使“武术”渐现雏形。其主要标志是：第一，武技的社会功能向多样化发展。最突出的表现就是武技具有了表演性、竞技性和娱乐性，最典型的就是当时盛行的“斗剑之风”和“角抵之戏”。第二，搏斗技术向多样化发展。由于技击术在民间的生根发芽，“个对个”和“两两相当”的武技活动为武术技术的多样性和丰富性创造了前提条件。第三，技击意识向自觉性、理论性发展。如《庄子·杂篇·说剑》中的“夫为剑者，示之以虚，开之以利，后之以发，先之以至”；《吴越春秋》所载的“越女论剑”：“凡手战之道，内实精神，外示安仪，见之似好妇，夺之似惧虎”。这些技击原理论述精辟、理法深奥，至今仍不失光彩。

秦、汉、三国处于中国封建社会的上升时期，政治、经济、文化的发展为武术的发展创造了积极的条件。虽然秦国统一六国后，为了维持国家的统一和专制皇权，采取收缴天下兵器、在民间实行禁武等措施，阻碍了武术的发展，但由于秦王朝的“短命”，对武术的消极影响并不太大。汉朝受到北方匈奴的侵扰，十分重视武备和军事训练，甚至“兵民合一”“劳逸结合”，全民的尚武之风盛极一时。此时由于作战形势的需要，刀开始取代剑在军队中的地位。到三国时期，刀已经成为军队中最重要的短兵器。这时剑在军中的地位降低，但开始在民间流传，并且剑术在非军事用途上也更为普及。此时，刀剑之术以及相扑、角抵等活动开始东传日本。

这一时期还出现了许多与武术有关的理论著述，如在《汉书·艺文志》中，收录了“手搏六篇”“剑道三十八篇”。而真正具有武术文化意味，并作为习武者行为规范的“武德”也从这一时期开始有所记述，如《史记·太史公自序》中写道：“非信廉仁勇不能传兵论剑，与道同符，内可以治身，外可以应变，君子比德焉。”《史记》中的著述对武术发展的意义非同寻常。

三国两晋南北朝时期既是战乱频繁的时期，也是民族大融合的时期，在这一特殊的历史背景下，武艺在军队中和民间都得到了广泛的交流和发展。另外，娱乐性的武术有了较大发展，如当时流行角抵戏、刀楯表演、刀剑表演以及武打戏等。同时，在文化领域，武术开始与佛教、道教文化相交融，并逐渐与道教的神仙思想和法术相结合。然而，当时人们期望通过炼丹追求长生不老的思想对武术的发展产生了一定的消极影响。

隋唐时期是中国封建社会的大发展时期，经济繁荣、文化开放，武术在这一时期也得到了大发展。唐朝承隋朝之制，继续发展与完善府兵制，“寓之于农”“兵农合一”，并于长安二年（公元702年）建立了武举制。这种选拔武勇人才的武举制极大地促进了武术的发展。首先，武举内容的确立是武术精练化、规范化发展的结果。其次，武举制面向社会各阶层开放，激发了人们的习武热情。开明的政治，重武的举措，促成了唐代的尚武任侠之风，甚至文人墨客也崇尚武侠。如诗仙李白的“安得倚天剑，跨海斩长鲸”“抚剑夜吟啸，雄心日千里”等诗句，都酣畅淋漓地表达了这种情感。

唐朝时，枪是战争中主要使用的兵器，剑也被刀取代，剑几乎退出了正式战争的舞台。然而剑术在民间发展起来，并过渡到技术方法复杂且具有自卫、健身、娱乐、表演等多种功能的剑术。唐朝时，徒手格斗技艺的角力、角抵、手搏、相扑等混称并用，十分兴盛，并东传日本，对日本武道的发展贡献极大。

宋朝时期，民族矛盾尖锐，战争频繁，各阶段的统治者都十分重视武备，军事武艺有了较大发展。其不仅军事训练规范、系统，而且兵器种类大增，形制复杂，除了常用的弓、弩、刀、枪外，还有锏、棒、鞭、斧等，这为后世民间武术器械的丰富和技艺的发展和提高创造了条件。同时为了反抗压迫，农村出现了大量武艺结社组织，如影响较大的有“弓箭社”和“忠义巡社”等。城市武艺结社组织则以健身娱乐为主要目的。众多的武艺结社组织无疑推动了武艺在民间的发展。

表演武艺的兴盛使套子武艺开始大量出现。不仅军中有武艺表演，如诸军春教时“禁中教场，呈试武艺，飞枪斫柳，走马舞刀，百艺俱呈”；而且由于商业的繁荣，在城市群众性的游艺场所“瓦舍”“勾栏”中，武艺表演也丰富多彩。这些按规定程式、规定动作进行的武艺表演，对后世武术向表演化方向的发展影响深远。

元朝时期，由少数民族执政，统治阶级在强化朝廷习武练兵的同时，民间社会严禁习武，并制定禁武律令，在很大程度上阻碍了武术在民间的发展。不过从宋朝兴盛的文艺戏曲中的武打戏，使武术在舞台艺术上发展到了一个新高度，客观上为明清时期的舞台武术的发展奠定了基础。

明清时期，随着火器在军中的出现并逐渐占有优势，武术与军事武艺分离开来，并在民间“开花结果”，从而迎来了武术的集大成发展时期。其标志或特征有如下几点。

第一，武术拳种、流派的形成。拳种林立、门派众多是中国武术的一大特点，中国武术的拳种、流派又大多发端于明清时期。

第二，武术内功的形成。武术在早期以技击为核心，而气功导引术以养生为定位，两者在明清时期之前往往各自独立存在、并行发展，但到了明清时期，民间结社盛行促成两者融合，这些结社组织成员同时修炼武术技击与气功导引术，故而形成“既习拳又练气”的技术融合模式，这种变革不仅构建了武术“内外兼修”的独特训练体系，还诞生了太极拳、形意拳以及八卦掌等内家拳，使“武术内功”也成为中国武术区别于世界其他技击术的重要文化标识。

第三，武术套路的形成。虽然在明清时期之前长期存在着“武舞”或“打套子”，但武术套路的正式出现却自明代开始。程宗猷所著《单刀法选》的刀法路线图，目前被公认为中国迄今为止最早见到的刀术路线示意图，该书成书于明代天启元年（1621年），后与《少林棍法阐宗》《长枪法选》《蹶张心法》这三部合刊为明代著名武术典籍《耕余剩技》，[1-2]武术套路也是中国武术明显区别于世界其他技击术的重要特征之一。

第四，内家拳的出现。形意拳、太极拳、八卦掌等内家拳虽然风格不同、拳理各异，且由何人何时所创众说纷纭，但都出现于明清时期。内家拳的一个共同特点，就是直接用中国哲学理论阐释拳理，重视修身养性，更全面深刻地反映了中国文化的哲学内涵。

第五，对武德有明确要求。明清时期所出现的各个拳种的拳谱上，几乎开门见山、无一例外地记载了对习武者的道德要求，某些拳种甚至在技术层面上也有对武术道德的要求。所以，中国武术无论是理论还是技术，都带有深刻的伦理型文化的烙印。

武术文化的完备形态在明清时期形成，为后世武术的发展开创了广阔的空间，同时也确立了中国武术在世界武坛的位置。

---

[1] 杨祥全.耕余所得，习武圭臬：程宗猷《耕余剩技》散论[J].搏击（武术科学），2013，10（12）：1–6，11.
[2] 周伟良.论武术套路的历史形成与发展[J].中华武术（研究），2013，2（4）：6–21.

（三）近代武术发展概况

近代的中国时局动荡、战火不断，在西方文化的猛烈冲击下，各种思潮激烈交锋。在这一段特殊的历史时期，中国武术虽然受到了一定程度的负面影响，但在“强种强国”的理念号召下，武术曾一度兴盛，开创了武术运动的新局面。武术开始朝着科学化、规范化的方向发展，并对中华人民共和国成立后武术运动的发展起到重要的承前启后的作用。

首先，各种武术组织和社团纷纷建立。辛亥革命后，一些社会名流和教育家号召“强种强国”，中国传统武术引起了广大民众的重视，许多城市出现了一大批武术会社，仅上海就有30多家，北京有20多家，天津有10多家，其他城市也先后成立了许多武术组织。其中，1910年在上海成立的“精武体育会”是当时影响最大、传播最广、维持时间最长的武术组织，影响远及海外。在武术运动广泛开展的基础上，国民党政府于1928年在南京成立了中央国术馆，各省、市、县也相继成立了地方国术馆。这一官方国术馆组织系统对社会上的武术活动进行了积极的行政干预，其决策直接影响着当时武术的总体发展。各类民间的武术组织以及官方的国术馆组织系统的成立，使武术打破了地域家族的限制，突破了传统的师徒口传身授的方式，武术的生存环境也由农村转向了城市，形成了以城市武术组织为中心、有组织地推广武术、有组织地开展对武术的整理和研究的武学体系局面。城市武术组织的出现，对武术运动发展的影响是积极而深远的。

其次，近代的中国国势衰微，当时许多有识之士认为“欲弱为强，必须先谋种族强盛”。因此，武术就被作为一种尚武强国的重要教育手段推向学校。1915年4月，在天津召开的“全国教育会联合会”第一次会议上通过决议：各学校应增授中国旧有武技。1918年10月，在当时召开的全国中学校长会议上通过决议：全国中学校一律添习武术。这标志着旧时流传于乡村市井的武术正式进入学校，成为学校体育课程中的一项内容。但由于各种原因，加之后来的抗日战争对武术在学校的开展也有较大影响，各地学校开设武术课程的情况并不平衡。

组织各类形式的武术竞赛活动，是近代武术发展的又一显著特点。1923年4月，在上海举办的中华全国武术运动大会，是中国体育史和武术史上的第一次单项武术运动会。1924年举办的民国第3届全国运动会，首次将武术套路列为表演赛项目，标志着武术运动开始进入综合性运动会。1928年和1933年由中央国术馆组织举办的两次“国术国考”是近代影响最大的武术比赛。另外，在1933年和1935年举办的民国第5届、第6届全国运动会上，武术都被列为正式竞赛项目。这些竞赛活动使武术竞赛规则从无到有，从简单到细化。

此后，人们对武术的观念开始革新，武术理论也逐步向科学化方向发展。随着新旧思潮的交锋和“土洋体育”之争的展开，以及武术进入学校体育课程和运动竞技场，人们对于武术的认识逐步深化，开始从体育观的角度来认识武术。同时，一些学者开始考证武术的起源和发展，验证武术的健身与技击效果。这些在武术理论科学化方面的探索，无疑是近代武术所闪现出来的亮点。

二、中华人民共和国成立后武术的发展

（一）武术管理体制的形成与完善

中华人民共和国成立后，武术作为民族传统体育的一部分，受到党和国家领导人的重视。1950年中华全国体育总会在北京召开了武术工作座谈会，倡导发展武术运动。

1958年在北京成立的中国武术协会，以及随后各地方相继成立的武术协会，形成了一个较为完善的武术组织机构。虽然从性质上讲武术协会属于社会团体组织（简称“社团组织”），归属各级体育总会，但长期以来，武术协会积极参与国家有关武术的各项具体工作，对武术运动的发展起到了不可替代的重要作用。

20世纪80年代，随着我国的改革开放，武术事业迅速发展。为适应形势的需要，1986年国家体育运动委员会（国家体育总局前身，以下简称国家体委）武术研究院在北京正式成立了。随后国家体委于1987年宣布将训练竞赛四司的武术处合并到国家体委武术研究院，由其统一管理全国武术工作及对外推广工作。

20世纪90年代，随着我国体育体制改革的深化，武术运动呈现出新的发展趋势。1990年，中国武术协会进行实体化改革，既是中华全国体育总会的团体会员，又是国家直属事业单位，在对武术项目的业务管理上拥有部分行政职能。为进一步理顺关系、完善管理体制，1994年国家体委武术运动管理中心成立，实际上是在保留中国武术协会的名义下，又增设了国家体委武术运动管理中心。自此，国家体委武术运动管理中心、中国武术协会、国家体委武术研究院，作为一

套班子管理和运作武术项目。

逐步完善的武术管理体制，为武术运动的健康发展提供了组织上的有力保证，使武术运动不仅在科学化、规范化和社会化方面取得了长足的进步，也使武术大踏步地走出国门并迅速在世界上推广开来。

（二）武术竞赛体系的形成与完善

1953年11月，国家在天津举行了以武术为主要内容的全国民族形式体育表演及竞赛大会，标志着武术作为体育项目开始进入竞赛领域；1956年又在北京举行了有12个省（自治区、直辖市）单位参加的武术表演大会。在这两次表演大会的基础上，国家体委于1957年确定了武术为正式比赛项目。1958年9月在北京举行的全国武术运动会，有27个省（自治区、直辖市）单位参加。会后，由中国武术协会组织部分专家，起草了中国第一部以长拳、南拳和太极拳为主要内容的《武术竞赛规则》，并于1959年由国家体委正式批准公布施行。在1959年3月举行的全国青少年武术运动会和9—10月举行的第一届全国运动会的武术比赛中就使用了该规则。至此，武术作为一个体育项目实行竞赛的轮廓和具体办法大体形成，武术比赛步入了正规化的轨道，同样也促进了武术技术的发展。

1985年，国家体委颁布、实施《武术运动员技术等级试行标准》，将武术运动技术等级分为武英级、一级武士、二级武士、三级武士、武童级5个级别，此举极大地激发了广大武术运动员勤学苦练、不断提高运动技术水平的热情。1987年，为适应国内外武术运动发展的需要，国家体委又制定了《武术裁判员暂行管理办法》(以下简称《办法》)，将武术裁判员技术等级分为国家级、一级、二级、三级四个级别，另设“荣誉裁判员”称号。国际武术联合会成立后，又增设了国际级武术裁判员这一级别。《办法》的出台对于裁判员业务水平的提高和武术竞技水平的发展都起到了积极的推动作用。

为适应武术运动的发展和竞赛工作的需要，1989年，国家体委将全国武术比赛改为全国武术锦标赛，并颁布《武术散手竞赛规则》，开始正式举办全国武术散手擂台赛。套路团体赛采取分级赛和升降级制，这样既为运动员提供了较多的竞争机会，也强化了公平竞争的机制，提高了运动员武术套路训练水平和技术水平，使武术竞赛进入了一个新的发展阶段。

2002年，为了适应武术运动申报奥运会项目的需要，国家体育总局武术运动管理中心出台了新版的《武术（套路）竞赛规则》，并于2003年做了进一步修订，使武术比赛的评判更具客观性。经过实践检验，2012年，国家体育总局武术运动管理中心针对竞赛规则和裁判法又做了进一步修订和完善，2013年，《武术套路竞赛规则与裁判法》出版，使武术套路的比赛向着规范化和标准化又迈进了一步。

（三）武术在国际上的传播与交流

把武术推向世界、扩大中国武术在海外的影响，对传播中华优秀传统文化、增进世界各国人民之间的友谊有着深远的意义。

1960年，中国武术队出访了捷克斯洛伐克，这是中华人民共和国成立后武术代表团的第一次出访。同年年底，中国武术队又随周恩来总理赴缅甸作巡回表演，从此揭开了中华人民共和国成立后武术对外交流的序幕。随后，国家和地方曾多次派遣武术团、武术队到国外表演、访问，这些不仅扩大了中国武术在海外的影响，同时也为我国的外交工作作出了贡献。

在"要积极稳步地把武术推向世界"的方针指引下，国家采用"走出去，请进来"的办法，使武术运动在越来越多的国家广泛开展。在这种形势下，国际武术联合会筹备委员会于1985年8月在西安举行的第一届国际武术邀请赛期间成立。随后在国际武术联合会筹备委员会的影响和推动下，各大洲的武术组织也纷纷成立，如1985年欧洲武术协会在意大利成立，1986年南美武术功夫联合会在阿根廷成立，1987年亚洲武术联合会在日本成立，1989年由扎伊尔牵头成立了非洲武术功夫联合会。1990年10月，国际武术联合会在北京正式成立。自此，武术运动在世界范围内走上了有组织的发展阶段。1994年10月，国际武术联合会被国际单项体育联合会接纳为正式会员。2002年，武术被国际奥委会列为正式承认的运动竞赛项目。

在各大洲和世界武术组织的推动下，国际武术比赛也纷纷开展起来。1987年，日本横滨举行了第一届亚洲武术锦标赛。1988年，亚奥理事会通过决议，将武术列为1990年北京亚运会的正式比赛项目。此后，武术先后成为东亚运动会、泛阿拉伯运动会、东南亚运动会及南亚运动会的比赛项目。随着武术在世界范围的不断传播，各项国际武术赛事也纷纷举办。国际武术联合会于1991年在北京举办了第一届世界武术锦标赛，并在之后每两年举行一次。为了推动传统武术在国际上的交流和发展，国际武术联合会于2004年在河南郑州举办了首届世界传统武术节，以后每两年举行一次。同时，在国内有些城市也陆续举办了不同规模的国际武术节，如香港国际武术节、中国郑州国际少林武术节、中国·沧州国际武术大赛、中国·四川国际峨眉武术节、中国·焦作国际太极拳交流大赛以及世界太极拳健康大会等，对武术在世界上的广泛传播起到了积极的推动作用。

2001年，当北京成为2008年奥运会主办城市后，国际武术联合会立即启动了武术申请进入奥运会的工作。由于国际奥委会正在执行“瘦身”计划，武术没有成为2008年北京奥运会的正式比赛项目，但国际奥委会同意国际武术联合会在2008年北京奥运会期间举行武术表演赛，而且参赛的运动员住进了奥运村。尽管2013年5月在俄罗斯圣彼得堡举行的国际奥委会执委会上武术项目被淘汰出局，但我们相信中国武术将来一定能够登上奥运会的殿堂，向世界展示它独特的魅力。

近年来，国家有关领导同志多次在正式会议或工作报告中提到要把武术推进孔子学院。2013年6月，“汉语国际推广武术培训与研究基地”落户首都体育学院。同年12月，国家体育总局也明确要加强与国家汉办的合作，共同在北京体育大学建立“汉语国际推广武术师资培训基地”，并在孔子学院开设武术课程，以及创造条件在境外建立中国武术培训中心（基地）。这表明，武术的国际推广工作已上升到国家层面。2020年1月，在瑞士洛桑召开的国际奥委会执委会会议决定将武术列入2022年第四届青年奥林匹克运动会正式比赛项目。这是武术首次被列为奥林匹克系列运动会正式比赛项目，也是武术运动进入奥林匹克大家庭的关键一步，具有里程碑式的意义。

“源于中国，属于世界”的武术，作为中华优秀传统文化和优秀的运动项目，已经成为我国和世界各国人民沟通的桥梁和友谊的纽带，成为世界其他国家和民族了解中国的一个窗口。它必将为东西方文化的进一步交流作出积极的贡献。

第三节　武术运动的特点与作用

一、武术运动的特点

（一）寓技击性于运动之中

武术最初作为军事训练手段，与古代军事斗争紧密相连，其技击的特性是显而易见的。在实战中，武术常常以最有效的技击方法，迫使对方失去反抗能力。武术中的技击术至今仍在军队、公安中被采用。武术作为体育运动，技术上仍不失攻防技击的特性，将技击性寓于套路运动与搏斗运动之中。

套路运动是中国武术的一个特有的表现形式，不少动作在技术规格、运动幅度等方面相比技击的原型动作有所变化，但是动作方法仍然保留了技击的特性。即使因联结贯穿及演练技巧上的需要，穿插了一些不一定具有攻防技击含义的动作，然而就整套技术动作而言，主要的动作仍然是以踢、打、摔、拿、击、刺诸法为主，是套路的技术核心。它的攻防技击性是通过一招一式来表现的，技击方法也极其丰富，并汇集百家。在散打、短兵器、长兵器中不宜采用的技术方法，在套路运动中仍有所体现。

（二）内外合一，形神兼备

武术套路既讲究动作的形体规范，又要求精气神传意，体现了内外合一的整体运动观，这是中国武术的一大特点。所谓“内”，是指人的精神、意识和气息的运行；所谓“外”，是指人体的手、眼、身、法、步的形体活动。“内练精气神，外练筋骨皮”是众多拳种的练功准则，形意拳讲究“内三合，外三合”，太极拳要求“以意识引导动作”，少林拳要求精、力、气、骨、神内外兼修。此外，武术套路在技术上往往要求把内在的精气神与外部形体动作紧密结合，一气呵成，做到“心动形随”“形断意连”“势断气连”。以“手眼身法步，精神气力功”八法的变化来锻炼身心。这一特点充分体现了武术作为一种文化，在长期的历史演变中备受中国古代哲学、医学、美学等方面的影响，形成了独具民族风格的运动形式和练功方法。

（三）具有广泛的适应性

武术的内容和练习形式丰富多样，不同类型武术项目的练功方法、动作结构、技术要求、运动风格和运动负荷不尽相同，可以适应不同年龄、性格、职业、体质的人的需要，每个人可以根据自己的条件和兴趣爱好加以选择。同时，武术较少受时间、季节的限制，场地器材也可以因陋就简。这为开展群众性体育活动创造了有利条件。

二、武术运动的作用

（一）提高素质，强身健体

武术包含着屈伸、回环、平衡、跳跃、翻腾、跌扑等动作，人体各部位几乎都要参与运动。

系统地进行武术训练，对人的速度、力量、灵敏、耐力、柔韧等身体素质要求较高，人体各部位"一动无有不动"，几乎都要参与运动，使人的身心得到全面锻炼。实践证明，人进行武术训练，对外能利关节、强筋骨、壮体魄，对内能理脏腑、通经脉、调精神。武术运动讲究调息行气和意念活动，对调节人体内环境的平衡、调养气血、改善人体功能、强身健体十分有益。

（二）锻炼意志，培养品德

习武对意志品质的考验是多方面的。人从练习基本功开始，就要不断克服疼痛，通过"冬练三九、夏练三伏"的磨炼，常年有恒，锤炼形成坚持不懈的意志品质。经过长期武术训练，人们可以培养勤奋、刻苦、果敢、顽强、虚心好学、勇于进取的良好品性。

"教武育人"贯穿在武术教习的全过程中，古人云："未曾学艺先学礼，未曾习武先习德。"把武德教育始终列为习武的先决条件。武术在中国几千年绵延的历史中，一贯重礼仪、讲道德、注重尚武崇德。诸如尊师爱友、互教互学、以武会友、切磋技艺、讲理守信、见义勇为、不凌弱逞强等品德，体现出了深刻而广泛的武术道德。激烈的攻防技术和人生修行结合起来，也是中国武术道德的体现。在社会的长期发展中，武德的标准和规范也不尽相同，而尚武崇德不仅能很好地陶冶情操，还有益于社会主义精神文明建设。

（三）竞技观赏，丰富生活

武术具有很高的观赏价值，无论是套路表演，还是散打比赛，历来为人们喜闻乐见。唐代大诗人李白赞：“起舞拂长剑，四座皆扬眉”；杜甫在《观公孙大娘弟子舞剑器行》中有“昔有佳人公孙氏，一舞剑器动四方。观者如山色沮丧，天地为之久低昂”的描绘。汉代的打擂台，被描述为“三百里内皆来观”。这些都说明无论是显现武术功力与技巧的竞赛表演套路，还是斗智较勇的对抗性散打比赛，都会引人入胜，给人以美的享受，具有很高的观赏价值，并且通过观赏，给人以启迪教育和乐趣。

（四）交流技艺，增进友谊

武术运动内涵丰富、技理相通，人入门之后会有“艺无止境”之感。群众性的武术活动便成为人们切磋技艺、交流思想、增进友谊的良好手段。随着武术在世界范围的广泛传播，武术还可以促进国内外武术爱好者的交流。许多国家的武术爱好者既喜欢武术套路，也喜欢武术散打，他们通过习武来了解、认识中国文化，探求东方文明。武术通过体育竞技、文化交流等途径，在与世界各国人民友好交往中发挥着越来越大的作用。

第四节　武术运动礼仪

武德是与武术紧密结合的一套道德体系，是中华民族传统道德的一部分，也是中华民族宝贵的精神财富。武德是中国武术文化的核心，而武术礼仪又是武德的重要组成部分。中国武术历来注重武德修养，“武德”二字，词义为“尚武崇德”，习武以强身，修德以强心。重武德是武术发展的先决条件，是引导武术人才健康成长的重要手段。武德具有强大的教育功能。武德教育对儿童、青少年独立人格的塑造及爱国精神的培养发挥独特的作用。

武术与道德相比，所贵之处不在术而在德。武德高尚，武术才有价值；武德不彰，武术也会黯然失色。中国是礼仪之邦，历来重礼仪、重道德。在中国武术界有一句谚语：“未曾学艺先学礼，未曾习武先习德”，这也是中国武术界公认的哲理。因此，武术礼仪是习武者在训练和比赛中共同遵守的最基本的道德行为规范，是习武者遵守执行礼仪的专门方式，也是武德和文明礼貌的一种具体体现。

一、武术基本礼仪

（一）抱拳礼

两脚并步站立，左手四指并拢伸直成掌，拇指屈拢；右手成拳，左掌心掩贴右拳面，左指尖约与下颌平齐。右拳眼斜对胸窝，置于胸前，两臂屈肘成圆，肘尖略下垂，拳掌与胸相距20～30厘米。头正，身直，目视受礼者。此礼节常用于竞赛、表演、教学、训练活动中。（图1–1）

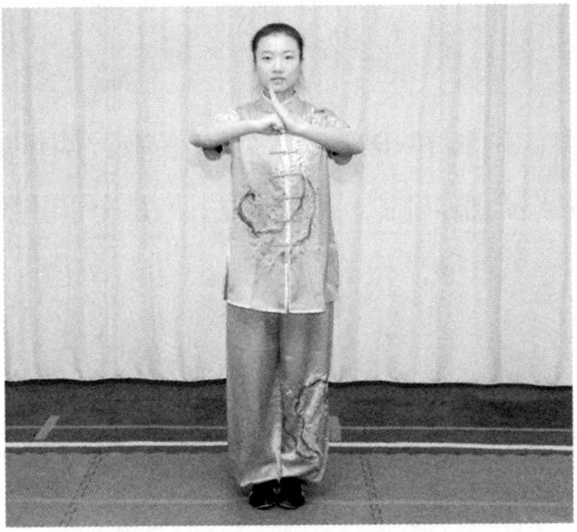

图1–1

抱拳礼的含义：左掌表示德、智、体、美、劳“五育”齐备，拇指屈拢表示不自大、不骄傲；右拳表示勇猛习武，左掌心掩贴右拳面表示“勇不滋乱”“武不犯禁”；两臂屈肘成圆表示以武会友，来自五湖四海的天下武林朋友是一家；左掌为文，右拳为武，表示文武兼备。

（二）鞠躬礼

两脚并步站立，两手垂于体侧，掌心向内贴于大腿外侧，上体向前倾斜约15°。学生见到师长或领导，以及在上课时手持器械或在公共场合不便行抱拳礼时多用此礼节。（图1–2）

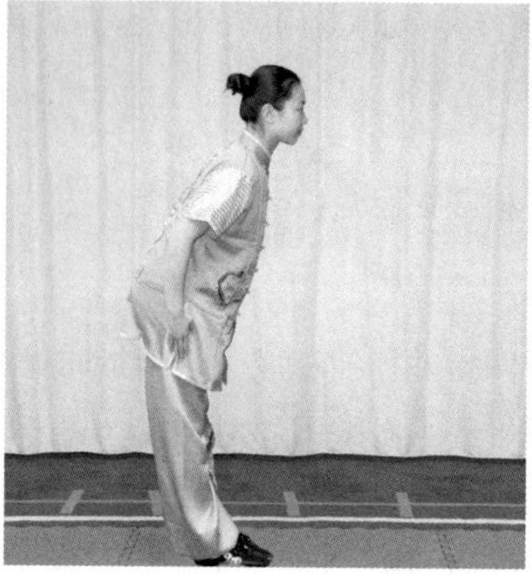

图 1–2

（三）站姿礼

抬头，挺胸，收腹，两脚并步站立，两肩下垂，两手紧贴裤缝，目视前方。此礼节用于上课过程中集合整队时，师生同礼；在教师讲解示范时，学生多用此礼节。（图 1–3）

图 1–3

（四）蹲姿礼

两腿下蹲，右脚前脚掌支撑，大小腿叠拢，左脚全脚掌支撑，小腿与地面垂直，重心落于右腿。躯干直立，肩部放松，头颈正直，两掌心向下，自然置于膝盖上，目视前方。学生在听教师讲解和看教师做技术示范时常使用此礼节。（图 1–4）

图 1–4

（五）坐姿礼

两腿盘坐，躯干直立，肩部放松，头颈正直，两掌心向下，自然置于膝盖上，目视前方。在教师讲解示范时，学生用此礼节。（图 1–5）

图 1–5

二、武术教学礼仪

武术教学课堂是一个严肃的教育场所，师生要用武术基本礼仪及教学礼仪的标准来约束自己，做到言行有礼。

（一）技术教学、训练礼仪

上课铃响时，班长或值日生负责整队集合（每个学生之间相距10厘米），清点人数完毕，向教师（教练）报告时，师生均行抱拳礼。教师向学生问：“同学们好”，学生在回答“老师好”的同时，行抱拳礼；教师再行抱拳礼还礼，然后师生落手立正。礼毕，上课。

下课时，教师向学生说“同学们再见”，学生在回答“老师再见”的同时，师生行抱拳礼，教师先落手立正，然后学生落手立正。礼毕，下课。

（二）理论课堂礼仪

当教师走向讲台时，班长发口令：“起立，敬礼！”学生起立行鞠躬礼。教师看学生都已行礼端正，亦行鞠躬礼回谢。班长发口令：“坐下！”学生就座，教师开始授课。

下课时，教师说：“下课！”班长发口令：“起立，敬礼！”学生起立行鞠躬礼。教师看学生都已行礼端正，亦行鞠躬礼回谢。礼毕，下课。

三、武术竞赛礼仪

（一）运动员礼仪

1. 套路比赛

参加套路比赛的运动员听到上场比赛点自己名时，应向裁判长行抱拳礼。然后走向比赛场地，进行套路演练，结束后在场地边等候裁判员打分。运动员听到宣布自己的最后得分后，也要向裁判长行抱拳礼，以示答谢。

2. 散打比赛

听到鸣哨后，双方运动员向各自的教练行抱拳礼，然后上场；听到场上裁判员口令后，分别向裁判长和观众行抱拳礼，双方在指定位置互相行抱拳礼；每局比赛结束后，双方运动员互相行礼。每场比赛结束，场上裁判员宣布比赛成绩，两名运动员与场上裁判员成三角站立，并向场上裁判员行抱拳礼，然后运动员相互行礼，转身再向对方教练行礼。

（二）裁判员礼仪

裁判员穿着统一服装，佩戴统一裁判员标志。比赛开始，当宣告员介绍竞赛监督委员会成员时，被介绍者起立行抱拳礼；介绍仲裁委员会成员时，被介绍者原地行抱拳礼；当介绍裁判长、裁判员时，被介绍者左脚向前一步，右脚跟上并步站立，行抱拳礼。礼毕，右脚后退一步，左脚向后与右脚并步站立。在比赛开始或结束时，当运动员向裁判长行抱拳礼或鞠躬礼时，裁判长应点头示意，以示还礼。

第二章　武术基本功练习

第一节　基本手型

一、拳

动作说明：四指并拢卷握，拇指扣在食指和中指的第二指关节上，拳心朝下为平拳，拳眼朝上为立拳。（图2–1）

要点：拳握紧，拳面平，手腕直。

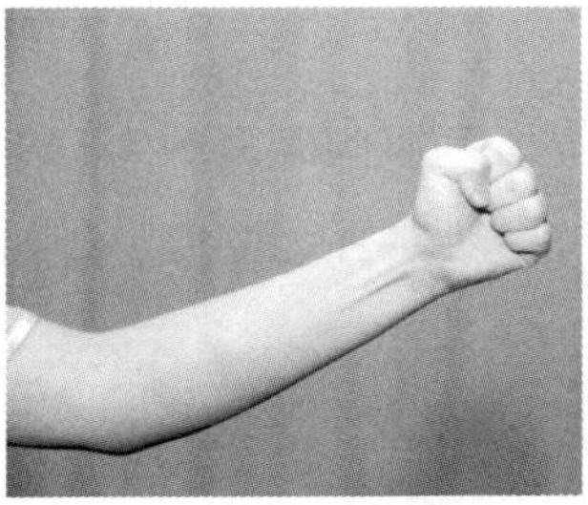

图2–1

二、掌

动作说明：四指并拢伸直，拇指第一指关节弯曲并紧扣于虎口处。（图2–2）

要点：掌心开展，竖指。

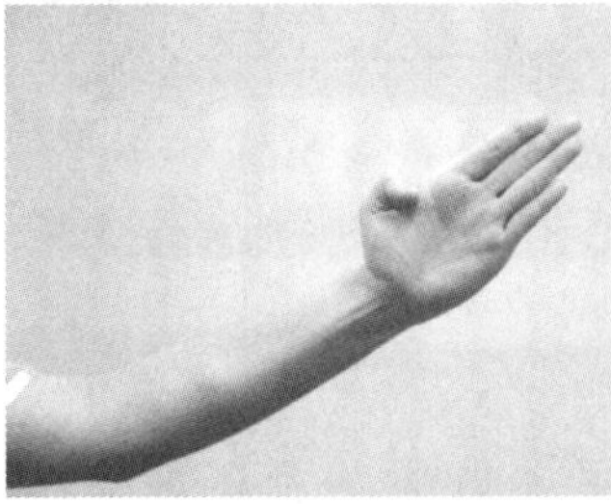

图2–2

三、勾

动作说明：五指指尖捏拢，屈腕。（图2–3）

要点：屈腕。

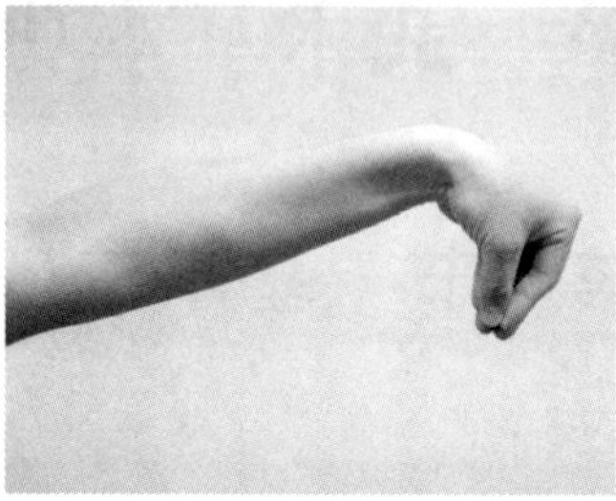

图2–3

第二节　基本步型

一、马步

动作说明：两脚开步站立，两脚间距离约为3倍脚长，脚尖正对前方屈膝半蹲，两膝向外撑，膝关节不超过脚尖，上身正直，收腹敛臀，两手握拳置于腰间。（图2–4）

要点：头正，挺胸，立腰，扣足。

图2–4

易犯错误：

（1）脚尖外撇。

（2）弯腰跪膝，撅臀。

纠正方法：

（1）脚跟外蹬。

（2）挺胸、立腰后再下蹲，膝关节不得超过脚尖。

二、弓步

动作说明：两脚前后站立，前脚微内扣，全脚掌着地，屈膝半蹲，大腿成水平，小腿垂直于地面；后腿挺膝伸直，脚尖内扣，指向斜前方，全脚掌着地，上体正直朝前。武谚云：前腿弓，后腿绷，挺胸沉胯莫晃动。（图2–5）

要点：挺胸，立腰，前腿弓，后腿绷。

图2–5

易犯错误：

（1）后脚拔跟或脚外侧掀起。

（2）后腿屈膝。

（3）上体前倾。

纠正方法：

（1）后脚脚跟蹬地。

（2）后腿挺膝后蹬。

（3）挺胸，沉髋。

三、仆步

动作说明：两脚开步站立，下蹲，一腿屈膝，大腿和小腿夹紧，臀部接近小腿，全脚掌着地，膝关节与脚尖稍外展；另一腿平铺接近地面，全脚掌着地，脚尖内扣。武谚云：单叉下仆伏地虎，蹿起下伏任自如。（图2–6）

要点：挺胸，立腰，开髋，两脚全脚掌着地。

图 2–6

易犯错误：

（1）平铺腿不直，脚外侧掀起，脚尖上翘或外展。

（2）全蹲腿未蹲到底，脚跟提起。

（3）上体前倾。

纠正方法：

（1）平铺腿的脚外侧抵住固定物，防止脚尖上翘或外展。

（2）增加踝关节柔韧性练习，当腿平铺时，强调沉髋、拧腰。

（3）挺胸、立腰后再下蹲。

四、虚步

动作说明：两脚前后站立，后脚脚尖斜向前，屈膝半蹲，大腿与地面接近平行，全脚掌着地；前腿微屈，脚面绷紧，脚尖虚点地面。（图 2–7）

图 2–7

要点：挺胸，立腰，虚实分明。

易犯错误：

（1）前脚脚尖点地虚实不清。

（2）支撑腿蹲不下去。

纠正方法：

（1）等支撑腿下蹲后，前脚脚尖再着地。

（2）脚尖外展，多做踝关节柔韧性练习和腿部力量练习。

五、歇步

动作说明：两腿交叉屈膝全蹲，前脚全脚掌着地，脚尖外展；后脚脚跟离地，膝部贴近前腿外侧，臀部外侧紧贴后腿小腿。武谚云：两腿脚交叉坐下来，挺胸立腰歇一会儿。（图2–8）

要点：挺胸，立腰，两腿贴近。

图2–8

易犯错误：

（1）两腿贴得不近，后腿膝盖跪地。

（2）动作不稳。

纠正方法：

（1）后腿膝关节从前腿腘窝穿过。

（2）前脚脚尖充分外展，立腰，两腿贴近。

第三节　基本腿法

一、正踢腿

动作说明：两脚并步站立，两臂侧平举，两手成立掌。左脚向前上半步支撑，右脚脚尖勾起，右腿向前额处踢起，目视前方。（图2–9，以下动作均按单侧描述）

要点：挺胸，收腹；动作轻快有力，上体保持正直。

图2–9

易犯错误：

（1）俯身弯腰。

（2）拔脚跟或松髋。

（3）动作缓慢无力。

纠正方法：

（1）收下颌，头上顶，直腰。

（2）降低踢腿高度，腿上踢时收髋，支撑腿全脚掌着地。

二、侧踢腿

动作说明：两脚并步站立，两臂侧平举，两手成立掌。左脚上步，脚尖外展；右脚脚跟稍提起，身体略向左转，右脚脚尖勾起，右腿向右耳际处踢起，左臂上举亮掌，右掌立于左肩前，目视右侧。（图2–10）

要点：开髋，侧身，猛收腹。

图 2-10

易犯错误：

（1）俯身弯腰。

（2）侧身不够。

（3）动作缓慢无力。

纠正方法：

（1）收下颌，头上顶，直腰。

（2）支撑腿外展，异侧肩朝前。

三、外摆腿

动作说明：两脚并步站立，两臂侧平举，两手成立掌。左脚上步，右脚脚尖勾起，右腿向左上方踢起，经面前向右上方摆动，直腿落在左脚旁，目视前方。（图 2-11）

要点：展髋，腿成扇形外摆，幅度要大。

图 2–11

易犯错误：

（1）拔脚跟或松髋。

（2）外摆幅度不够。

（3）动作缓慢无力。

纠正方法：

（1）降低踢腿高度，腿上踢时收髋，支撑腿全脚掌着地。

（2）外摆腿越过适当高度的障碍物，体会外摆动作要领。

（3）按提示口令要求的速度练习。

四、里合腿

动作说明：动作同外摆腿，唯摆动方向相反。两腿自然伸直，全脚掌着地；右腿从体侧踢起经面前向里做扇面摆动落下，目视前方。（图 2–12）

要点：合髋，腿成扇形里合，幅度要大。

易犯错误：

（1）拔脚跟或松髋。

（2）里合幅度不够。

（3）动作缓慢无力。

图 2–12

纠正方法：

（1）降低踢腿高度，腿上踢时收髋，支撑腿全脚掌着地。

（2）里合腿越过适当高度的障碍物，体会里合动作要领。

（3）按提示口令要求的速度练习。

五、弹腿

动作说明：两脚并步站立，左腿直立或微屈，右腿由屈到伸向前弹出，脚面绷紧，力达脚尖。（图2–13）

要点：收髋，腿弹击有寸劲，力达脚尖。

图2–13

易犯错误：

（1）腿屈伸不明显，类似踢腿动作。

（2）力点不明显。

纠正方法：

（1）收髋，屈膝后脚再弹出。

（2）猛挺膝，绷脚尖。

六、蹬腿

动作说明：两脚并步站立，左腿直立或微屈，右腿由屈到伸向前蹬出，脚尖勾起，力达脚跟。（图2–14）

要点：收髋，腿蹬击有力，力达脚跟。

图 2-14

易犯错误：

（1）腿屈伸不明显，类似踢腿动作。

（2）力点不明显。

纠正方法：

（1）收髋，屈膝后脚再蹬出。

（2）猛挺膝，勾脚尖。

七、侧踹腿

动作说明：两脚并步站立，两手叉腰；两腿左右交叉，右腿在前，稍屈膝。随即，右腿蹬直支撑，左腿屈膝提起，左脚内扣，脚跟用力向左上方踹出，高与肩平，上体向右侧倒，目视左侧（图2-15）。练习时，可左右交替进行。

图 2-15

要点：挺膝、开髋猛踹，脚外侧朝上，力达脚跟。

易犯错误：

（1）脚尖朝上，成侧蹬腿。

（2）高度不够或收髋。

纠正方法：

（1）侧踹腿内旋后再踹出。

（2）多做仆步压腿、侧压腿和横叉等练习；用手扶一定高度的物体来练习上体侧倒，以借劲使腿踹得高些。

八、前扫腿

动作说明：两脚并步站立，左脚向左迈出，脚尖外摆落地，同时左腿屈膝全蹲，左脚跟略抬起，以左脚掌支撑为轴并踺地。右腿平铺，脚尖内扣，脚掌着地，直腿向前扫转。右腿因肢体扭转获得向左扫转的旋转速度，右胯应快速收合，加大右腿扫转的速度。右腿扫转一周，头部上顶，腰部挺直。因做前扫腿时，上体挺直，故旧称“直身前扫”。在扫转时以手扶地，称为“扶地前扫”。(图2–16)

要点：头部上顶，眼睛随转体平视前方，上体正直。在扫转时，始终保持右仆步姿势，保持身体重心平衡，右膝不要弯曲。

图 2–16

易犯错误：

（1）左腿屈膝角度不够，扫腿时重心太高。

（2）身体重心不稳，左右倾倒。

（3）扫转时，拧腰与扫腿配合得不协调或用力不当，造成上体前后倾倒和扫转动作中断。如拧腰速度过慢或上体前倾、凹胸，往往会使右腿在扫转过程中与左腿之间形成的角度太小（夹髋），易造成身体后倒，动作中断。如拧腰过早或速度过快，使右腿拖在身后，与左腿之间形成的角度太大（敞髋），也会造成身体前倾，动作中断。

（4）扫转腿的脚型不正确，使动作不能充分发挥惯性作用；速度慢，扫转不够一周。

纠正方法：

（1）在扫转起动的同时，左腿迅速全蹲。

（2）头部上顶，眼睛随转体平视前方，上体正直；左掌尽量上撑，以提高旋转时身体的稳定性。

（3）上体正直，旋转起动时以拧腰带动扫腿；左腿大腿后部贴近左脚脚跟，两腿间形成的右仆步姿势的角度始终不变。

（4）成右仆步后，右脚脚尖内扣，向左拧腰，转头与扫腿动作衔接连贯、协调。

九、后扫腿

动作说明：两脚并步站立，两臂垂于体侧。左脚向前上步，左腿屈膝半蹲，右腿挺膝伸直成弓步；同时两掌从腰间向前平直推出，两掌指尖朝上，目视两掌指尖。左脚脚尖内扣，左腿屈膝全蹲成仆步，同时上体右转并前俯。两手随转体在右腿内侧撑地，右手在前，插于右膝下方。随着两手撑地、上体向右后方拧转的惯性力量，以左脚前脚掌为轴，右脚贴地向后扫转一周。（图2–17、图2–18）

要点：转体、俯身、撑地用力连贯紧凑，一气呵成。上下肢动作不要脱节。

图2–17

图2–18

易犯错误：

（1）向右转体拧腰速度慢，以致于旋转无力和腰腿动作脱节。

（2）两手撑地的位置不对，右手没有插于右膝下方。

纠正方法：

（1）身体直立，左腿支撑，多做高姿势的快速甩头、拧腰、扫腿动作的练习；体会拧腰、扫腿动作的用力方法和如何使动作快速、连贯的要领。

（2）上体右转，两手指尖向右同时撑地。

第四节　跳跃动作

一、腾空飞脚

动作说明：两脚并步站立，右脚上步，右腿蹬地跃起，左腿向前上方摆踢，两臂向头上方摆起，右掌背迎击左掌心。在空中，右腿向前上方弹（摆）踢，脚面绷紧，右掌心迎击右脚面并击响。左腿屈膝收控于右腿内侧，左掌摆至左上方，上体稍前倾，目视前方。（图2–19）

要点：

（1）在腾空的最高点完成右掌心迎击右脚面并击响的动作。

（2）踢摆腿高度必须过腰，在击响的一瞬间，左腿屈膝收控于右腿内侧。

（3）迎击动作必须连续，击响要准确、响亮；在空中，上体稍前倾，不要坐臀。

图2–19

易犯错误：

（1）右腿蹬伸和左腿踢摆动作脱节，不协调。

（2）起跳后，上体过于前倾，坐臀，致使重心下坠。

纠正方法：

（1）多做右腿蹬地起跳，左腿屈膝摆起，同时两臂上摆并在头上方击响的踏跳练习。

（2）多做行进间的单拍脚练习，强调上体正直，降低腾空高度；掌握正确动作后，逐步增加腾空高度，完成空中动作。

二、旋风脚

动作说明：两脚并步站立，左脚向左上步，两臂上举，右脚上步至左脚前，同时左转180°，重心移至右脚。两臂从上向下、向左、向上抡摆，同时右脚蹬地，左腿屈膝上提向左后方旋转180°。右脚蹬离地面后迅速向左做里合腿，在面前用左手拍击右脚掌，见图2–20，继续转体90°，然后落地。

要点：

（1）里合腿贴近身体，摆动时成扇形。

（2）抡摆臂、起跳、转体、里合腿等环节要协调一致。

图2–20

易犯错误：

（1）上下肢动作脱节，转体角度不够，动作不协调。

（2）两腿在空中摆动时屈膝，坐臀。

（3）起跳后上体后仰。

纠正方法：

（1）多做“转身左外摆—右里合”的腿法练习，在练习中注意屈膝的正确姿态。

（2）在“提左膝，右腿单脚跳转360°”的练习中，上体直立，头部上顶。

（3）多做不加腿法的转体360°的“翻身跳”练习，提高身体的旋转能力。

三、外摆莲

动作说明：两脚并步站立，两臂垂于体侧，目视前方。右脚向前上步，脚跟着地，脚尖外摆，左脚脚跟提起，上体略右转。同时，右臂后摆，左臂前摆，右脚蹬地向上起跳，左腿向右上方踢摆；两手随之摆于头上方击响，身体腾空继续向右旋转。在空中，左腿屈膝，右腿向上、向右踢摆；同时两手拍击右脚面，上体稍前倾，目视两手，见图2–21。然后左脚、右脚依次落地或两脚同时落地。

要点：

（1）右脚起跳时，注意脚尖外摆，膝关节微屈。

（2）起跳时，注意右侧踝关节、膝关节、髋关节的充分伸展，左脚用力里合扣摆。

（3）在空中，右腿用力向上经面前向右做扇形摆动，两手于面前拍击右脚面，击响要准确、响亮。

（4）整个动作过程中，注意起跳、拧腰、转体、左腿里合、右腿外摆的协调一致。

图2–21

易犯错误：

（1）弓腰，转体不够。

（2）右腿弯曲，外摆幅度小。

纠正方法：

（1）多做转体跳练习。练习中，注意立腰、头部上顶。

（2）多做原地和行进间的外摆腿练习。练习中，注意右腿尽量外摆，幅度越大越好，提高髋关节的灵活性。

四、旋子

动作说明：两脚开步站立，身体左转，右脚离地，左臂前平举，右臂后下举；身体平俯向左甩腰摆动，同时两臂伸直随身体向左摆动。紧接着左脚蹬地，身体悬空，见图2–22，两腿随身体向左平旋，然后右脚先落地，左脚随之落地。

要点：挺胸，抬头，身体成水平旋转，两腿高过水平线。

图2–22

易犯错误：

（1）平旋时，空中动作做不出来。

（2）旋转速度慢，转体不够一周。

（3）腾空不高。

纠正方法：

（1）除了体会抬头、挺胸、背肌收缩等要领外，还可以通过俯卧做背弓（即两头翘）的练习使姿势定型。

（2）可以通过原地向左、向右、向后平甩两臂的练习和提高燕式平衡能力的练习来纠正。

（3）上体前俯时不要将上体压得过低，蹬地时要积极抬头，腿向上打。

五、侧空翻

动作说明：左脚蹬地，右腿从后向上摆起，身体前侧屈，在空中做向左侧翻动作。右脚先落地，左脚随之落地。（图2–23）

要点：翻转快，两腿直。

图2–23

易犯错误：

（1）摆腿不直，速度不快。

（2）左脚蹬地无力，腾空高度不够。

纠正方法：

（1）除了注意挺膝外，主要通过侧手翻练习来纠正。

（2）蹬地时踝关节、膝关节、髋关节迅速伸直，充分利用蹬地的反作用力来提高腾空高度。

第五节　柔韧练习

一、正压腿

动作说明：两脚并步站立，右脚脚跟放在肋木或叠放的跳箱上，脚尖勾紧，上体向前、向下做振压动作。(图 2–24)

要点：直体向下振压，压至疼痛时，进行耗腿练习。

易犯错误：

(1) 两腿不直。

(2) 上体不正。

纠正方法：

(1) 收胯正髋，也可用手下压膝部。

(2) 挺胸，立腰，被压腿异侧的肩部、胸部前俯，两手抱住被压腿的脚掌。

图 2–24

二、侧压腿

动作说明：左脚脚跟放在肋木或叠放的跳箱上，脚尖回勾，右臂上举，左掌放于右侧髋部或右胸前，上体向左侧做振压动作。(图 2–25)

要点：立腰，展髋，直体向侧下方振压。

图 2–25

易犯错误：

（1）两腿不直。

（2）上体向侧下方振压时髋部前屈。

纠正方法：

（1）收胯正髋，也可用手下压膝部。

（2）支撑腿的脚尖外展，被压腿异侧的髋部尽量前送，向被压腿的内侧掖肩，被压腿异侧的手臂上举并向头后部伸展。

三、后压腿

动作说明：左脚背搁在肋木或叠放的跳箱上，脚背绷紧，上体后屈并做振压动作。（图2–26）

要点：挺胸，展髋，腰后屈，支撑腿蹬直。

易犯错误：两腿不直。

纠正方法：挺膝或同伴一手顶住练习者被压腿膝部，另一手协助其上体后振。

图 2–26

四、竖叉

动作说明：两脚并步站立，两腿前后分开成一条直线，右腿大腿后部着地，左腿大腿前部着地，右脚脚尖勾起。（图2–27）

要点：挺胸，立腰，沉髋，挺膝。

易犯错误：两腿前后不成一条直线。

纠正方法：在地上画一条直线，做竖叉练习。

图 2–27

五、横叉

动作说明：两脚并步站立，两腿左右分开成一条直线，两腿大腿内侧着地。

要点：挺胸，立腰，沉髋，挺膝。（图 2–28）

图 2–28

易犯错误：两腿左右不成一条直线。

纠正方法：在地上画一条直线，做横叉练习。

六、压肩

动作说明：两脚开步站立，两手抓握肋木或叠放的跳箱，上体前俯并做振动压肩动作，此为压肩练习，见图2-29。也可以两人面对面站立，互相抚按肩部，做体前屈的振动压肩动作；也可背对肋木或叠放的跳箱，两手抓握肋木或叠放的跳箱，做反压肩练习，见图2-30。

要点：做正压肩练习时，挺胸，塌腰；臂、腿伸直，振幅逐步加大，压点集中在肩部。当增加外力时，力度由小到大逐渐增加。

图2-29

图2-30

易犯错误：压肩幅度小、拉不开。

纠正方法：调整人与肋木或叠放的跳箱的距离，做正压肩练习时，挺胸，塌腰；臂、腿伸直，肩带肌肉放松，压点集中在肩部。

第六节　摔跌技术

一、前倒

动作说明：两脚并步站立，两臂垂于体侧，目视前方。两臂屈肘置于胸前，两脚脚跟提起，目视前方。身体挺直向前倒下，着地时屈肘，以两臂前臂和两拳的拳轮或两掌心同时撑地，用来缓冲落地时的冲击力。（图2-31）

要点：在整个动作过程中要憋气，全身紧张用力。前倒时，头颈上顶，臀部上提，两腿夹紧，腰背肌不能放松，使整个身体挺直。

图 2–31

易犯错误：

（1）做前倒动作时易出现害怕心理，致使前倒时凸臀、弯腿。

（2）倒地后，动作变形。

纠正方法：多做保护性辅助练习，以体会头颈上顶、臀部上提、两腿夹紧、腰背肌收紧的正确动作要领。

二、后倒

动作说明：两脚开步站立，两臂垂于体侧，目视前方。两腿屈膝下蹲，两臂前摆，上体猛向后仰，挺腹抬头，憋气，以臂部、肩部及背部着地。同时两臂向两侧伸开，以掌心击地，下颌收紧。（图 2–32）

要点：下颌收紧，挺髋，展腹。

图 2–32

易犯错误：

（1）倒地时身体松懈。

（2）肩部、背部未触地。

纠正方法：

（1）后倒时，要特别注意全身肌肉收紧，不得放松。

（2）肩部、背部触地时，下颌收紧，挺髋，展腹。

三、侧倒

动作说明：两腿分开，屈膝下蹲，左腿侧蹬，使身体侧倒；右腿微前屈使两腿不重叠。待身体接近地面时，右臂侧伸，掌心主动拍击地面以缓冲减震；左臂在胸前屈臂，目视右手方向。（图2–33）

要点：侧倒时，全身保持适度紧张，注意以右前臂内侧和左掌同时着地。

图2–33

易犯错误：侧倒时臀部着地。

纠正方法：针对侧倒的结束姿势，进行身体放松和紧绷的专门练习，体会展腹、挺髋、伸右腿等技术要领。

四、前滚翻

动作说明：两腿屈膝下蹲，两手前摆撑地，弯腰收下颌，团身，以头部、背部、腰部、臀部、脚部的顺序依次着地，向前滚翻一周，而后迅速团身、抱膝、展体、站立。（图2–34至图2–36）

要点：低头，团身，闭气，滚翻成圆。

图2–34

图2–35

图2–36

易犯错误：动作不连贯，滚翻不圆活，展体过早。

纠正方法：请同伴给予助力，反复体会身体向前滚动时的动作要领。

五、后滚翻

动作说明：两腿屈膝下蹲，两手撑地，弯腰收头，团身，借身体后仰和两手撑地之力，按臀部、腰部、背部、头后部、脚部的顺序依次着地，向后滚翻一周，而后迅速团身、抱膝、展体、站立。（图2–37、图2–38）

要点：收头，团身，闭气，滚翻成圆。

易犯错误：动作不连贯，滚翻不圆活，展体过早。

纠正方法：请同伴给予助力，反复体会身体向后滚动时的动作要领。

图2–37

图2–38

第三章　拳术的基本技术训练

第一节　拳术介绍

拳术，是中国武术中所有徒手技法的总称。在长期的社会实践中，受不同因素的影响，中国武术形成了许多拳种。这些拳种的运动风格和特点各异。例如：长拳姿势舒展，动作快速；太极拳舒展柔和，轻灵圆活；八卦掌势势连绵，身灵步活；形意拳动作简练，发力较刚；南拳步稳势烈，刚劲有力；通臂拳放长击远，发力顺达；劈挂拳大开大合，长击冷抽；象形拳分为象形和取意两种拳术，象形拳是模拟各种动物的特长和形态，表现某些古代人物的搏斗形象和生活形象的拳术，取意拳是以动物的搏击特长来充实技击动作内容的拳术。虽然不同拳种的特点不同，但其套路都是由手型、步型、手法、步法、腿法，以及数量不等的跳跃、平衡、跌扑、滚翻等动作与技术组成。练习拳术，要求动作规范，手、眼、身、法、步协调一致，还须与意识、呼吸紧密结合，以达到内外合一、形神兼备的境界。通过锻炼拳术，人们不仅可以掌握攻防格斗技术，还能提高机体各系统的机能，提高身体素质，为进一步学习武术器械项目打下良好的基础。

第二节　基本拳法

一、冲拳

动作说明：两脚开步站立，与肩同宽，两手握拳抱于腰间，两臂肘尖向后，拳心向上，目视前方。右拳从腰间向前旋臂猛力冲出，力达拳面，右臂伸直，高与肩平，同时左肘向后牵引，目视右拳。（图3–1）

要点：出拳时注意转腰、顺肩、爆发用力；定势时挺胸、收腹、立腰。

易犯错误：

（1）冲拳时肘外展。

（2）冲拳无力。

纠正方法：

（1）冲拳时，注意肘贴肋运行，使拳内旋冲出。

（2）注意转腰、顺肩、旋臂。

图 3–1

二、劈拳

动作说明：两脚并步站立，两拳抱于腰间。左脚向左上步，左腿屈膝，右腿蹬直成弓步；左拳由腰间向右经面前向上摆起，由上向左侧快速下劈，左臂伸直，拳眼向上，力达拳轮，目视左拳。右拳在做动作的过程中保持全程抱于腰间，见图3–2。然后屈左臂收拳于腰间，还原。

要点：以肩带臂，直臂下劈，力达拳轮。

图 3–2

易犯错误：屈腕，耸肩。

纠正方法：练习时，臂部、腕部保持适度的紧张，注意松肩。

三、撩拳

动作说明：两脚并步站立，左脚向左上步，左腿屈膝，同时上体左转，右腿蹬直成弓步；右手握拳，随直臂向前撩击，拳眼斜向上，高不过鼻，力达拳眼；

右臂屈肘，左掌附于右臂上，目视右拳。（图3–3，初始姿势为背对站立）

要点：以肩为轴直臂向前撩击，速度要快，力达拳眼。

图3–3

易犯错误：撩击时，易以前臂上撩。

纠正方法：练习时，臂部保持适度紧张，并注意将臂伸直后再做撩击动作。

四、摜拳

动作说明：两脚并步站立，两手握拳抱于腰间，目视前方。左脚向前上步，左腿屈膝，右腿蹬直成弓步。右拳从腰间向右、向前上方画弧横击，力达拳面；肘关节、腕关节微屈，拳眼斜向下，目视右拳。（图3–4）

要点：以腰带臂向前上方横击。

图3–4

易犯错误：做摜拳手臂的肘关节伸得过直。

纠正方法：练习时，有意识地保持肘关节微屈的状态。

五、砸拳

动作说明：两脚并步站立，两臂自然下垂，目视前方。右手握拳向上举起，左手成掌置于上腹前，掌心向上。右臂屈肘向下，右拳砸于左掌心上，拳心向上，力达拳背；同时，两腿屈膝下蹲。（图3–5）

要点：挺胸，立腰，落臀。

图3–5

易犯错误：做屈膝下蹲动作时，易凸臀。

纠正方法：练习时，有意识地收臀。

六、架拳

动作说明：两脚开步站立，与肩同宽，两手握拳抱于腰间，拳心向上，目视前方。右拳向下经腹前向左、向上、向右前上方旋臂架起，右臂微屈，拳眼斜向下，目视前方。然后，右拳下落，还原成抱拳姿势。（图3–6）

要点：架拳时要旋臂、松肩。

易犯错误：架拳时臂易伸直。

纠正方法：练习时，注意旋臂上架，臂微屈。

图3–6

七、栽拳

动作说明：两脚并步站立，两手垂于体侧，目视前方。左脚向左上步，左腿屈膝，同时身体左转，右腿蹬直成弓步；同时，右手握拳，随右臂屈肘上提至耳侧，随即迅速向前下方击打，拳背斜向前，力达拳面；左掌附于右上臂内侧。（图3–7，初始姿势为背对站立）

要点：击打时，顺肩并配合向下沉气。

图 3–7

易犯错误：肩紧，低头。

纠正方法：多做肩臂环绕、放松，顺肩等练习。做练习时，注意保持头颈正直。

八、盖拳

动作说明：两脚并步站立，两臂自然下垂，目视前方。左脚向前上步，同时左手向上举起，右手握拳，随右臂微屈提至胸前，拳面与视线齐平。右拳以肘关节为轴从胸前向上、向前盖击，拳心向上，力达拳背；左掌向下收于右肘下，掌心向上，目视右拳。（图3–8）

图 3–8

要点：盖击迅速，力点准确。

易犯错误：力点不清。

纠正方法：练习时，注意区别“盖拳”与其他拳法的力点及其用法的不同之处。

第三节　基本掌法

一、推掌

动作说明：两脚开步站立，与肩同宽，“推掌”动作与“冲拳”相同，唯两拳变两掌，两掌抱于腰间，两臂肘尖向后，掌心向上，目视前方。右掌从腰间向前立掌猛力冲出，以掌根为立点，右臂伸直，高与肩平，同时左肘向后牵引，目视右掌。（图3–9）

要点：推掌时注意转腰、顺肩、爆发用力、沉腕、翘掌。定势时要挺胸、收腹、立腰。

图3–9

易犯错误：

（1）推掌时肘外展。

（2）推掌无力。

纠正方法：

（1）推掌时，注意肘贴肋运行，立掌冲出。

（2）注意转腰、顺肩、旋臂。

二、挑掌

动作说明：两脚开步站立，与肩同宽，两手握拳抱于腰间，拳心向上，目视前方。两脚不动，左拳变掌，向左由下向上随直臂撩出。左腕下沉，四指上翘，左臂微屈，与肩同高，成挑掌，掌心向前。（图3–10）

要点：做挑掌的手臂在发力时要力达四指。

图3–10

易犯错误：掌立不起来。

纠正方法：多做压腕练习。

三、穿掌

动作说明：两脚开步站立，与肩同宽，两手握拳抱于腰间，拳心向上，目视前方。左拳变掌，由腰间向左、向前画弧，掌心向上，目视左掌；右拳变掌，掌心向上，右臂由屈到伸，经左掌上方向前上方穿出（此为前穿掌）；左掌收于右腋下，目视右掌。（图3–11）

图3–11

要点：穿掌时注意挺胸、立腰、顺肩，力达指尖。

易犯错误：穿掌时，臂的动作幅度过大，手抬得过高。

纠正方法：以腰带臂，眼随手走。

四、插掌

动作说明：两脚并步站立，两臂垂于体侧，目视前方。左脚向前上步，右腿屈膝提起；同时，右臂屈肘上提，右掌置于右耳侧，左掌摆于身前。右脚落地，两腿屈膝并拢；同时，右掌以指尖为力点向下插击，左掌收于右胸前，目视右掌。（图3–12）

要点：插击时，腕部和四指要伸直，力达指尖。

图3–12

易犯错误：做插击动作时，腕部和四指伸不直。

纠正方法：练习时，腕部和四指保持适度紧绷，使之成伸直状态。

五、撩掌

动作说明："撩掌"的动作与"撩拳"相同，唯以掌心向上，随直臂撩击。（图3–13）

要点、易犯错误和纠正方法：均参照"撩拳"。

图3–13

六、劈掌

动作说明："劈掌"的动作与"劈拳"相同，唯以掌外沿劈击。（图3–14）

要点、易犯错误和纠正方法：均参照"劈拳"。

图3–14

七、砍掌

动作说明：两脚开步站立，两拳抱于腰间；左脚向左上步，左腿屈膝，同时身体左转，右腿蹬直成弓步；同时，右拳变掌，向左上方抬起至胸前，然后向右下方砍击，力达掌外沿，掌心向下（掌心向下是俯掌砍击，掌心向上是仰掌砍击），目视右掌。（图3–15）

图3–15

要点：做动作时，腕部和四指要伸直。

易犯错误：做砍击动作时，腕部和四指伸不直，力点不清。

纠正方法：练习时，腕部和四指保持适度紧绷，同时注意区分“砍掌”与其他掌法的不同用力。

八、按掌

动作说明：两脚并步站立，两臂垂于体侧，目视前方。两臂从两侧水平上举，目视右掌。两臂屈肘经胸前向下按掌，力达掌心；掌指相对，掌心向下，头向左转，目视左侧。（图3–16）

图3–16

要点：沉肩、按掌与转头要协调一致，并保持两臂微屈。

易犯错误：两臂伸得太直，按掌与转头不一致。

纠正方法：先按照正确的动作慢速练习，在慢动作正确的基础上，配合转头练习。先做到动作的协调一致，然后做快速的配合，注意头的转动要正直。

第四节　五步拳

起势：两脚并步站立，两拳抱于腰间，目视左侧。（图3–17）

图3–17

一、弓步搂手冲拳

(1) 身体左转约90°，左脚向左前方上步，左腿膝关节微屈，右腿随之屈膝半蹲成半马步；同时左拳变掌，俯掌向左前方搂出，掌心朝前，虎口朝右，右拳仍抱于腰间，目视前方。

(2) 重心前移，左腿屈膝半蹲，右腿蹬直，右脚脚跟外蹬成弓步；同时左手握拳收抱于腰间，右拳由腰间猛力向前冲出，高与肩平，拳背朝上，力达拳面，目视右拳。(图3-18)

要点：上步与搂手协调一致，冲拳与弓步协调一致。

图3-18

二、弹腿冲拳

重心前移，左腿挺膝立起，右腿屈膝提起，当膝部抬至接近水平时，迅速挺膝绷脚面，向前弹击小腿，力达脚尖；同时右拳收抱于腰间，左拳自腰间向前猛力冲出，高与肩平，拳背朝上，力达拳面，目视左拳。(图3-19)

要点：收抱拳、冲拳与弹腿协调一致。

图3-19

三、马步架冲拳

右脚向后落步，脚尖内扣，身体右转约90°，两腿屈膝半蹲成马步。同时左拳变掌，随屈肘上架于头斜上方，掌心朝上，掌指

尖朝右；右拳自腰间向右冲出，高与肩平，拳背朝上，力达拳面，目视右拳。(图3-20)

要点：架掌、冲拳与马步协调一致。

图 3-20

四、歇步冲拳

(1) 身体左转约90°，左脚向右脚后插步，前脚掌着地；同时左掌变拳收抱于腰间，拳心向上；右拳变掌向上经头上方向前下方盖掌至胸前，环臂，掌心向下，掌指尖向左，目视右掌。

(2) 两腿屈膝，全蹲成歇步，同时右掌变拳收抱于腰间，左拳自腰间向前平拳冲出，力达拳面，目视左拳。(图3-21)

要点：盖掌与插步协调一致，冲拳与歇步协调一致。

图 3-21

五、提膝仆步穿掌

（1）两腿起立，身体右转约90°。随即左拳变掌，顺势收至右肩前；右拳变掌，向斜后上方穿出，掌心斜向前，同时左腿屈膝提起，目视右掌。

（2）上动不停，左脚落地成仆步；左掌由右肩前，沿左腿内侧穿至左脚面上方，掌指尖向左，目视左掌。（图3–22）

图3–22

六、虚步挑掌

身体重心前移，左腿屈膝前弓，经左弓步，右脚上步成虚步。同时左手向后画弧成勾手，右手顺右腿外侧向上挑掌，目视右掌。（图3–23）

图3–23

七、收势并步抱拳

右脚向左脚靠拢成并步，同时左勾手和右掌变拳，回收抱于腰间，目视前方。然后，继续右侧练习，五步拳为左右对称，可循环往复练习。（图3–24）

图3–24

第四章　刀术的基本技术训练

第一节　刀术介绍

刀，是武术中短器械的一种，由古代兵器演变而来。练起刀来，刀声嗖嗖，可呈现出勇猛剽悍、雄壮有力的形象，故有“刀如猛虎”的比喻。刀有大刀、单刀和双刀。大刀属于长兵器，俗云“大刀看刃”，就是在用刃上，做到劈、抹、撩、斩、刺、压、挂、格等技法。单刀、双刀都是短兵器，有“单刀看手，双刀看走”一说。所以单刀讲求缠头、裹脑和劈、砍、截、撩、挂、扎、云等刀法，双刀则讲究两手用力均匀，刀式清楚、步点灵活、上下协调，以显出“叶里藏花，双蝶飞舞”的姿态。

第二节　基本刀法

一、缠头刀

动作说明：两脚开步站立，右手持刀于体侧，左臂侧平举，指尖向上，成侧立掌，右臂侧平举，刀尖向右，刀身与地面平行，目视刀尖。右臂内旋上举，刀尖下垂，刀背绕至左肩，左臂屈肘，左掌摆至右上臂内侧，成立掌。刀背贴后背绕过右肩，向左平扫至左腋下，刀刃向左，刀尖向后上方，左掌向右、向上架于头上方。(图4–1至图4–3)

要点：肩要松沉，以腕的转动引导肘关节随动，使刀背贴近肩背，同时左手需协调一致。

易犯错误：当右臂内旋上举时，刀尖不下垂，刀背不贴身。

纠正方法：抓握刀柄不可过紧，右臂内旋、扣腕、虎口向下，刀身竖直，使刀背贴肩背而过。

图 4–1

图 4–2

图 4–3

二、裹脑刀

动作说明：两脚开步站立，右手持刀置于左腋下，刀刃向左，刀尖向后上方；左掌架于头上方，目视前方。右手持刀向右平扫至体后，右臂外旋上举，使刀尖下垂，刀背沿右肩贴背绕至左肩；左臂向左下落至平举再屈肘平摆至左掌附于右上臂内侧。右手持刀下落，右臂侧平举，刀尖向右，左掌向左推出成立掌，目视刀尖。（图 4–4 至图 4–7）

要点、易犯错误、纠正方法：参考“缠头刀”，只是因刀绕转方向的不同而区分为缠头刀与裹脑刀。

图 4–4

图 4–5

图 4–6

图 4–7

三、劈刀

动作说明：右脚在前，错步站立；右手持刀上举，刀刃向前，刀尖向上，左掌按于左胯旁，目视前方。右手持刀由上向下直劈至体前，左臂屈肘，左掌上合，置于右肩前。（图 4–8）

要点：刀与右臂成一条直线，力达刀刃前段。

图 4–8

易犯错误：刀与右臂不成一条直线。

纠正方法：顺肩，伸臂，直腕，使刀柄末端贴靠前臂。加强手腕、手臂力量训练。

四、砍刀

动作说明：两脚开步站立，右手持刀，直臂举于右斜上方，左掌按于左胯旁，目视前方。右手持刀随直臂向左下方斜砍，同时左掌上合，立掌于右肩前，目视左下方。(图 4–9)

要点：刀尖稍翘起，以刀柄带动刀身向下斜砍。

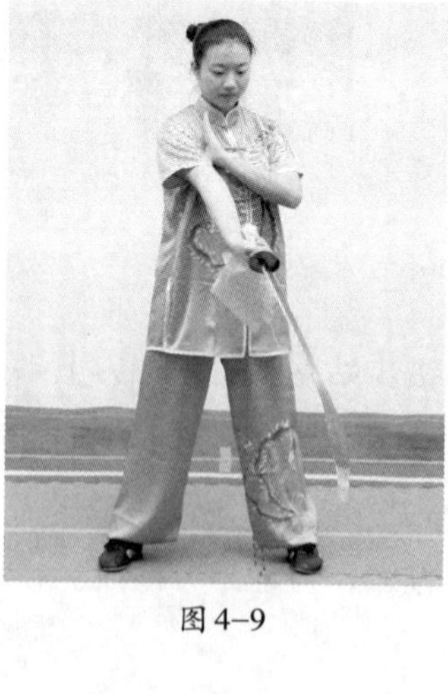

图 4–9

易犯错误：力点不准确。

纠正方法：满把握住刀柄，旋臂斜向下砍，力达刀刃后段。

五、截刀

动作说明：左脚在前，错步站立，右手持刀，直臂前举，左掌立于右肩前，目视前方。身体稍向右转，左脚收至右脚内侧成丁步，随转体，右手持刀，刀刃斜向下截至身体右侧；同时左掌直臂向左斜上方分掌，目视刀尖。（图4–10）

要点：刀与右臂成一条直线，以短促的爆发力使刀斜向下猛击，力达刀刃前段。

图4–10

易犯错误：刀与右臂不成一条直线。

纠正方法：直臂，直腕，力达刀刃前段。

六、撩刀

动作说明：右脚在前，错步站立，右手持刀，直臂前举，左掌立于右肩前，目视前方。右臂内旋，直臂向上绕至体后再变外旋，沿身体右侧向下贴身弧形向右撩至身体右侧上方，刀刃斜向上；左掌前伸，随直臂向上绕至身体左侧成立掌，右臂略高于肩，目视刀尖。（图4–11）注：反撩刀则前臂内旋，刀沿身体左侧撩出。

要点：手腕松活，以腰带臂，用力较柔和，力达刀刃前段。

图 4-11

易犯错误：刀不贴身。

纠正方法：拧腰，旋臂，刀沿体侧由下向上撩出。

七、挂刀

动作说明：右脚在前，错步侧身站立，右手持刀，放于身体右侧，左臂前推掌，目视前方。右臂屈肘上提变内旋，刀尖斜向下，向左贴身挂出，两手合于腹前。（图4-12）注：向右为右挂刀，向上为上挂刀，贴身立圆挂一周为抡挂刀。

要点：转腰，扣腕，左挂刀时满把握刀柄，右挂刀时用拇指与食指刁握刀柄，腕部放松，力达刀背前段。

图 4-12

易犯错误：刀不贴身。

纠正方法：扣腕，刀与右臂需保持合适的角度，使刀尖斜向下、向后贴身绕动。

八、扎刀

动作说明：两脚开步站立，右手持刀于身体右侧，刀尖向前，左掌按于左胯旁，目视前方。右手持刀，右臂屈肘上提再直臂向前直刺，左掌弧形上摆，立于右上臂内侧，目视前方。（图4–13）

要点：刀与右臂成一条直线，爆发用力，力达刀尖。

图4–13

易犯错误：刀与右臂不成一条直线。

纠正方法：直臂，直腕，使刀身平直。

九、云刀

动作说明：两脚开步站立，右手持刀，两臂侧平举，目视右前方。右臂内旋上举再变外旋，使刀在头顶上方沿平圆绕环一周，左掌内合按于右腕，目视前方。（图4–14、图4–15）

要点：活把持握刀柄，以腕为轴。

图 4-14

图 4-15

易犯错误：挥臂带刀，不以腕为轴。

纠正方法：握把松活，不要满把抓死，以腕的转动，使肘关节随动。

十、崩刀

动作说明：两脚开步站立，右手持刀，直臂前举，左臂侧平举，目视前方。右手沉腕，使刀尖猛向上崩，左掌内合置于右上臂内侧，目视刀身。（图 4-16）

要点：腕部突然用力下沉，使刀尖由下向上啄击，力达刀尖。

图 4-16

易犯错误：过于屈肘，力点不准，爆发力不够。

纠正方法：肩部放松，肘关节微屈下坠，腕部突然下沉，力达刀尖。

十一、点刀

动作说明：两脚开步站立，右手持刀，直臂前举，刀尖朝上，刀刃朝前，左臂侧平举，目视前方。右手提腕，刀尖猛向下点，左掌合按于右腕，目视刀尖。（图4–17）

要点：腕部放松，突然而短促地用力上提，使刀尖向下啄击，力达刀尖。

图4–17

易犯错误：刀柄抵住前臂，腕部不能上提。

纠正方法：拇指与食指扣住刀柄，其余三指松握，使刀柄端贴靠桡骨一侧。

十二、背花刀

动作说明：两脚开步站立，右手持刀，两臂侧平举，目视前方。右臂内旋在体前下挂，成刀尖向左下方，左掌内合附于右上臂内侧，目视刀身。上动不停，上体右转，右臂外旋，向上、向右下方绕动，刀尖向右下方，目视刀身。上动不停，右手以腕为轴，使刀在右臂外侧向下、向上立绕，刀尖向右斜上方。上动不停，右臂内旋、屈肘使刀尖向下，在背后绕一立圆。上动不停，上体左转，刀尖下落，将刀带至腹前，刀刃向下，刀尖向后。（图4–18至图4–21）上动不停，随上体转正，同时右手持刀经身体左侧向右劈刀，刀尖向右上方，左臂上分落至侧平举，目视右前方。

要点：活把握住刀柄，以腰带臂，腕部放松，刀要贴身。

图 4–18

图 4–19

图 4–20

图 4–21

易犯错误：身、械不协调，刀不贴身。

纠正方法：以腰带臂，刀走立圆。

十三、剪腕花

动作说明：两脚开步站立，右手持刀，两臂前平举，以腕为轴，使刀在臂两侧向下贴身立圆绕环；左掌合按于右腕，目视刀身。（图 4–22、图 4–23）

要点：以腕为轴，快速连贯，刃背分明。

图 4–22

图 4–23

易犯错误：刃背不分明，刀未绕立圆。

纠正方法：刀在臂两侧向下贴身立圆绕环，向前下方发力时，刀刃向下，力达刀尖。

十四、撩腕花

动作说明：两脚开步站立，右手持刀，两臂前平举，以腕为轴，使刀在臂两侧向上贴身立圆绕环；左掌合按于右腕，目视刀身。（图 4–24）

要点：同“剪腕花”。

易犯错误及纠正方法：同“剪腕花”，唯动作路线相反，刀刃向上。

图 4–24

第三节　基本刀法与步法的结合

第一组：提膝左右砍刀—弓步斜劈刀—翻身弓步扎刀—裹脑丁步截刀

动作说明：

扫码观看视频

1.两脚开步站立，右手持刀，直臂上举，刀尖向上，左掌按于左胯旁，目视前方。

2.左腿屈膝上提，脚尖向下；右手持刀由上向左下方斜劈，刀尖向斜下方，左臂内合，左掌附于右前臂内侧，目视前下方。

3.左脚向左斜前方下落支撑站立，右腿屈膝提起；右臂内旋向左斜后上方抡绕，随之向右拧腰斜劈刀于右腿外侧，刀尖向斜下方，左掌弧形上架于头上方，目视前方。

4.右脚向右斜后方落步，左腿屈膝成弓步；右手持刀向后上方抡一立圆，劈刀于体前，刀尖斜向上，左掌下落后摆架掌于头上方，目视刀尖。

5.重心右移，右腿支撑，前脚掌蹍转，向右翻转约180°，左腿屈膝上提，左脚贴于右腿腘窝；右臂屈肘上挂，随上体翻转，刀尖转向下，左掌附于右腕，目视刀尖。

6.左脚向左斜前方落步成弓步；右手持刀经右腰侧向体前下方随直臂扎出，左臂侧后平举，目视前方。

7.身体右转约180°，右脚向左脚后插步，两腿膝关节稍弯曲；右臂内旋屈肘收至左腋下，刀尖向后，左臂内合，左掌置于右肩外侧，目视右斜前方。身体右转约180°，右手持刀，向右随直臂平扫，左掌随直臂平分至体侧，目视前方。

8.身体继续右转约90°，同时左脚向右脚前上步；右臂外旋上提裹脑至左肩，刀尖向下，左臂内合，左掌置于右腋下，目视前方。

9.右腿屈膝下蹲，左脚收至右脚内侧成丁步；右手下落向右随直臂下截，左掌随直臂外分成斜上举，目视刀尖。

第二组：丁步带刀—弓步扎刀—缠头裹脑—歇步截刀

动作说明：

1.两脚开步站立，右手持刀垂于体侧，刀尖向前，左掌按于左胯旁，目视前方。右脚向后撤步，脚尖点地，左腿膝关节稍屈；右手持刀随直臂前送，左掌立于右前臂内侧，目视前方。

扫码观看视频

2.重心后移，身体右转，右脚踏实，右腿屈膝下蹲，左脚收至右脚内侧，脚尖点地成丁步；右臂内旋屈肘向右回抽，刀刃向上，刀尖向左，左掌附于右腕，目视左前方。

3.左脚向左上步，右脚向左脚前上步成弓步，同时身体左转约180°；右手持刀随直臂向右扎出，约与肩同高，左臂外摆成侧上举。

4.重心向左移，两脚开步站立，右手持刀缠头，同时右脚向左脚后插步，右手持刀向右平抡，转身约180°裹脑，两脚开步站立，右手持刀随直臂举于右侧，左臂侧平举，目视刀尖。

5.身体左转，同时右手持刀经腰间向前扎出，左臂斜上举，左腿屈膝，右腿蹬直成弓步，目视前方。

6.身体右转，右臂外旋，向上、向右下方绕动，刀尖向右下方，使刀在臂外侧向下、向上立绕，刀尖向右斜上方。

7.身体左转，刀尖下落，将刀带至腹前，刀刃向下，刀尖向后，左掌合于右前臂内侧。上动不停，随上体转正，同时右手持刀经身体左侧向右劈刀，刀尖向右上方，左臂落至侧平举，目视左侧。

8.身体左转约180°，左腿屈膝上提，右手持刀随转体立抡上举，刀尖向后，左臂立绕落至身体左侧，目视前方。左脚落地，两腿屈膝下蹲成歇步，右手截刀至身体右侧，刀尖斜向下，左臂斜上举，目视刀尖。

第三组：前点步错刀—左右抡挂刀—歇步按刀—回身换跳弓步扎刀

动作说明：

1.两脚开步站立，右手持刀，直臂前平举，左掌立于右上臂内侧，目视前方。身体右转，右脚向右前方上步，身体重心在右腿上，左腿屈膝，右臂内旋向右平摆，变外旋屈肘下压，刀尖向右斜前方，刀刃向前，左臂内旋斜摆至体侧，掌心向斜上方，同时左腿提膝，目视前方。

扫码观看视频

2.右腿直立，左脚向右脚后点步；右手持刀，直臂向右斜前方推出，左臂屈肘，右臂前上，目视前方。

3.右脚向前上步，随即身体左转约90°，右手持刀在身体左侧挂刀，身体右转约90°，左掌附于右上臂内侧，目视刀身；右手持刀由上向后抡刀，随即再向前做劈刀，左掌附于右腕；右脚向前上步，右腿屈膝，左腿蹬直成弓步，目视前方。

4.重心移向右脚，左脚跟半步，身体右转；右手持刀由下向右上方抡刀，置于头顶，刀刃向上，刀尖向左，目视刀身。

5.右腿在前，左腿在后，屈膝成歇步；从上向下按刀，刀刃朝下，刀尖向左，左掌按于刀背处，目视左侧。

6.右手持刀做缠头；随即向右平抡，换跳步成右弓步，右手持刀，从腰间扎出，左臂斜上摆至体侧，目视刀尖。

第四组：腕花提膝撩刀—跳丁步崩刀—弓步点刀—缠头弓步藏刀—裹脑仆步扫刀

动作说明：

1.两脚开步站立，右手持刀，直臂前举，左掌立于右上臂内侧，目视前方。右手持刀，以腕为轴，在右臂外侧立圆撩刀一周，刀刃向上，左掌附于右前臂内侧，目视刀尖。

扫码观看视频

2.左腿屈膝上提，右手持刀，右臂内旋，在身体左侧贴身立绕，向体前下方直臂反撩，刀刃向上，左掌附于右臂内侧，目视前方。

3.左脚向左斜后方落地，右脚蹬地收于左脚内侧成丁步；右手持刀沉腕，刀尖猛向上崩，随身体下落置于身体右侧，左掌内合附于右腕，目视前方。

4.右脚向前上步成弓步；右手持刀向身体右侧下方提腕猛点，左臂上举，掌心向上，目视刀尖。

5.身体立起，左腿膝关节稍弯曲；身体左转约180°，同时右手持刀上提，右臂内旋缠头至右肩，刀背贴身，刀尖向下，左臂平分成侧平举，目视左前方。身体稍左转，右手持刀下落，右臂外旋向左平扫，左掌内合至右上臂内侧，目视刀尖。

6.右脚向前上步，身体继续左转，两腿膝关节稍弯曲；右手持刀上提，右臂内旋缠头至背后，刀背贴身，刀尖向下，左掌内合至右肩前，目视左侧。身体继续左转约180°，重心左移，左腿屈膝成弓步；右手持刀，继续缠头至右肩后，下落随转体向左平扫，屈肘藏于左腋下，刀尖向斜后上方，左掌下落随转体弧形摆于头上，目视右前方。

7.身体右转，左脚提起；右手持刀，刀尖下落，右臂内旋向右平扫，左掌下落成侧平举，目视前方。身体继续右转，左脚向前上步成开步站立；右手持刀上举，右臂外旋裹脑至左肩，刀背贴身，刀尖向下，左掌内合置于右腋下，目视前方。

8.重心移至左腿，右腿平铺成仆步；右手持刀下落，随转体仆腿直臂向右平扫，左掌直臂外分至体侧成斜上举，目视刀尖。

第五章　剑术的基本技术训练

第一节　剑术介绍

剑，由古代兵器演化而来，是我国武术的四大名器之一，被誉称为“百兵之君”。中华人民共和国成立以后，剑术成了剑的演练套路的代称，被列为全国武术比赛项目，并增加了各种技法、平衡、翻腾、造型等动作，有了很大发展。其用法有刺、挂、撩、点、劈、崩、截等，在剑法的基础上配以剑指，加上各种步法、步型，以及跳跃、平衡、旋转等动作，便构成了剑术套路。其运动特点是，轻快敏捷、潇洒飘逸，有“剑走美式”“剑如飞风”之说。

随着时光的推移、科学技术的发展，冷兵器已退出历史舞台。作为冷兵器的一员，剑在军事上的实用价值已不复存在。今天，除了在特定的条件下，剑仍可以用于防身自卫之外，剑在基本功能和作用方面已不再是一种表现军事战斗力的载体，而是演化成为一种用于健身的体育器械。剑术利于观赏的表现形式，使其适合作为竞技比赛的运动项目。强身健体、观赏娱乐、竞技比赛，正是今天剑术的基本功能和作用。其中，强身健体处于首要与中心地位。

第二节　基本剑法

一、刺剑

动作说明：两脚开步站立，右手握剑于身体右侧，剑尖向前，左手变剑指垂于身体左侧，左肘微屈，目视前方。两脚不动，右手握剑提至腰右侧，随即右臂由屈到伸，将剑向前直线猛力刺出，力达剑尖，左剑指随之上抬附于右上臂内侧，目视剑尖。(图5–1)

要点：向前直刺要转腰顺肩，发力迅猛，力达剑尖，右臂与剑成一条直线。

图 5–1

易犯错误：

（1）在刺的过程中没有明显的伸肘动作。

（2）右臂与剑不成一条直线，力未达剑尖。

纠正方法：多做原地的刺剑练习。练习时，注意右臂要有屈肘上抬、伸肘的过程；屈肘时，肘不能离开肋部，接近伸直时要快速内旋前臂、扣腕，这样就能使右臂与剑保持在一条直线上，力达剑尖。

二、挂剑

动作说明：两脚开步站立，右手握剑于身体右侧，剑尖向前，左手变剑指垂于身体左侧，左肘微屈，目视前方。提左膝，右手握剑向后、向上、向前、向下经身体左侧向后挂剑（为上下挂剑），左剑指先前伸，随剑向下、向后挂附于右腕，目视剑身。（图 5–2）

图 5–2

要点：挂剑时要迅速扣腕，剑要贴身走立圆，力达剑身前段。

易犯错误：剑不贴身。

纠正方法：造成剑不贴身的原因是扣腕和转

腰不充分，需反复做原地的左挂剑、右挂剑练习，并注意快速扣腕和转腰的配合动作。

三、撩剑

动作说明：两脚开步站立，右手握剑于身体右侧，剑尖向前，左手变剑指垂于身体左侧，左肘微屈，目视前方。两脚不动，右手握剑向后、向上画弧，左剑指附于右前臂内侧。左脚向右脚后插步，同时，右臂内旋，使剑向下沿身体左侧向后上方反撩，力达剑身前段，拇指一侧向下，左剑指向右、向头上方亮指，目视剑尖。右脚向后撤步，同时，右臂外旋，使剑向下沿身体右侧向前上方画弧撩出（正撩剑），左剑指下移，附于右前臂内侧，目视剑尖。（图 5–3）

要点：做反撩剑时身体向右拧转，做正撩剑时身体向左拧转，腕部松活，用力柔和，并注意以腰带剑，力达剑身前段。

图 5–3

易犯错误：剑不贴身。

纠正方法：造成剑不贴身的原因主要有二，一是握把太紧，二是转腰不充分。要多做原地的撩剑练习，并注意转腰充分、握把松活。

四、点剑

动作说明：两脚开步站立，右手握剑于身体右侧，剑尖向前，左手变剑指垂于身体左侧，左肘微屈，目视前方。两脚不动，右手握剑上提至腰侧，随即右臂

由屈到向前伸出，腕部上提，使剑尖向前下方点击，左剑指上抬附于右肩前，目视剑尖。（图 5–4）

要点：向前下方点击时，要配合转腰、顺肩，快速扣腕，以加大点击的力量。

图 5–4

易犯错误：扣腕无力。

纠正方法：加强腕部力量，反复做原地的向前点剑练习，并注意快速扣腕。

五、劈剑

动作说明：两脚开步站立，右手握剑于身体右侧，剑尖向前，左手变剑指垂于身体左侧，左肘微屈，目视前方。两脚不动，右手握剑直臂上举，剑尖向上，左剑指上抬附于右肩前。以剑身为力点直臂向前劈击，剑尖向前，左剑指位置不变，目视剑尖。（图 5–5）

要点：剑与右臂成一条直线，力达剑身。

易犯错误：剑与右臂不成一条直线，力点不准。

纠正方法：造成剑与右臂不能成一条直线的原因，通常是握把太死、腕部僵硬。

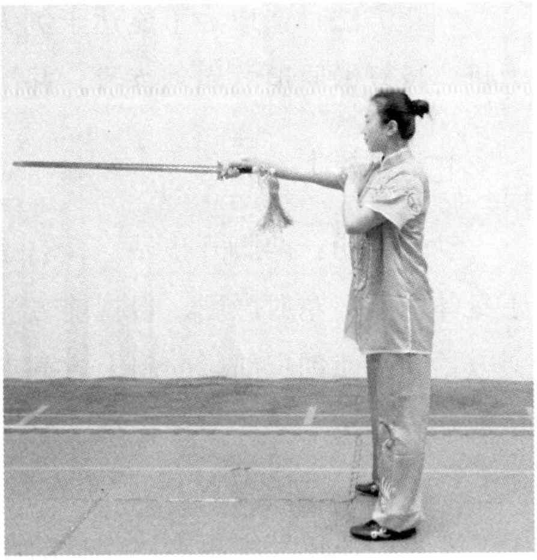

图 5–5

因此，在练习过程中要注意放松手部和腕部，但又不能使其过松，劈剑动作接近完成时，要扣腕，这样就能使剑与右臂成一条直线。

六、崩剑

动作说明：两脚开步站立，右手握剑于身体右侧，剑尖向前，左手变剑指垂于身体左侧，左肘微屈，目视前方。两脚不动，右手握剑向前伸臂，腕部快速下沉，使剑尖猛向前上方崩击，左剑指上移附于右上臂内侧，目视剑身。（图5–6）

要点：腕部下沉要快速有力，力达剑尖。

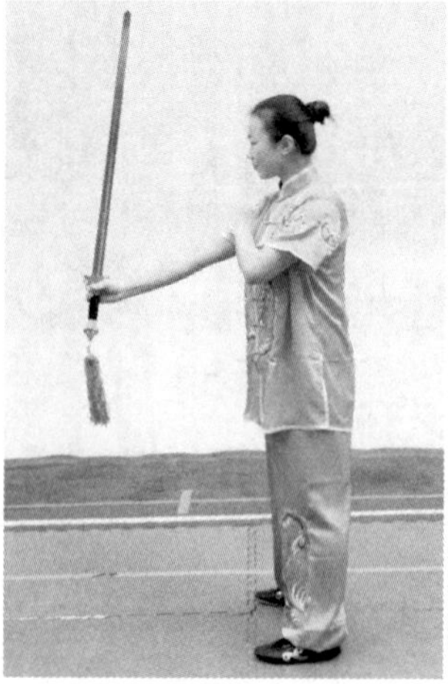

图5–6

易犯错误：沉腕不够有力，力不能达于剑尖。

纠正方法：造成力不能达于剑尖的原因是腕部僵硬，需加强腕部的灵活性及力量。反复做原地的崩剑练习，并注意快速沉腕、力达剑尖。

七、截剑

动作说明：两脚开步站立，右手握剑于身体右侧，剑尖向前，左手变剑指垂于身体左侧，左肘微屈，目视前方。两脚不动，身体微向右转，右臂外旋向右斜上方抬起，使剑身前段向斜上方截击（上截剑），手心向下，左剑指附于右肩前，目视剑尖。接上势，身体微向左转，右臂内旋，使剑身前段向斜下方截击（下截剑），手心向下，左剑指仍附于右肩前，目视剑尖。（图5–7、图5–8）

要点：转腰带剑，力达剑身前段。

图 5–7

图 5–8

易犯错误：腕部僵硬，力点不准。

纠正方法：需加强腕部的灵活性和多做原地的上截剑、下截剑练习，并注意旋腕要快速有力。

八、剪腕花

动作说明：两脚开步站立，右手握剑于身体右侧成侧平举，拇指一侧向上，剑尖向右，左手变剑指附于右肩前，目视剑尖。两脚不动，右臂内旋，使剑向下经体前沿顺时针方向向左、向上、向右绕环一周，然后右臂外旋，使剑继续向下经体后沿逆时针方向绕环一周，此为正腕花。两脚不动，右手握剑沿顺时针方向于体前、体后绕环一周，此为反腕花。（图 5–9）

要点：腰部、肩部、肘部、腕部要放松，以拇指和食指为主来控制剑，使剑沿右臂两侧绕环，绕环要快速有力。

易犯错误：腕部僵硬，剑不能沿右臂两侧快速绕环。

纠正方法：需加强腕部的灵活性。反复做原地的正腕花、反腕花练习，并注意尽量放松腰部、肩部、肘部、腕部，使剑沿右臂两侧快速绕环。

图 5–9

九、斩剑

动作说明：两脚开步站立，右手握剑于身体右侧，剑尖向前，左手变剑指垂于身体左侧，左肘微屈，目视前方。两脚不动，右臂内旋上抬，右肘微屈，使剑成平剑于身体左前方，左剑指上移附于右前臂内侧，目视前方。两脚不动，右臂向右平摆，同时伸肘、甩腕，将剑向右平行斩出，力达剑身中段或前段，手心向下，左剑指平举于左侧，目视剑尖。(图5–10)

要点：做斩剑时要以腰带臂、以肩带臂、以臂带手，在动作接近完成时，手腕迅速平甩，以增强斩剑的力量，剑与右臂要成一条直线。

图5–10

易犯错误：斩剑发力不干脆。

纠正方法：造成斩剑发力不干脆的原因是腕部紧张，要反复做原地的斩剑练习，并注意腕部保持适度紧张、甩腕干脆。

十、绞剑

动作说明：两脚开步站立，右手握剑平举于体前，剑尖朝前，左手变剑指附于右肩前。随即，以右腕为轴沿逆时针方向画圆绞动，使剑尖随之绞动，目视剑身。(图5–11)

要点：在做绞剑的过程中，腰部、背部、肩部、肘部、腕部都要放松，用力要柔和，力达剑身前段。

图 5-11

易犯错误：腰部、背部、肩部、肘部、腕部僵硬，绞剑不圆活。

纠正方法：反复做原地的绞剑练习。练习时，注意先放松腰部、背部、肩部、肘部、腕部，再以腕动带动剑动。

十一、穿剑

动作说明：两脚开步站立，右手握剑于身体右侧，剑尖向前，左手变剑指垂于身体左侧，左肘微屈，目视前方。两脚不动，右臂先外旋再内旋向右、向上经胸前、腰前向右穿出（抡穿剑），剑尖向右，左剑指附于右胸前，目视剑尖。（图 5-12）

要点：当剑经胸前时要含胸，并向右转腰，右臂先屈后伸，剑要贴身向右穿出。

图 5-12

易犯错误：含胸、转腰不够，剑不贴身。

纠正方法：多做原地的穿剑练习。练习时，剑向上、向下移动时要注意转腰充分，使剑贴身。此时，还要注意充分含胸，以利于转腰与穿剑的协调一致。

十二、云剑

动作说明：两脚开步站立，右手握剑，右臂内旋，经胸前向头上托剑，随即以腕为轴，右臂外旋，使剑尖沿逆时针方向在头上绕180°后，剑尖朝右。（图5–13、图5–14）

要点：腕部松活，云剑快速，力达剑刃。

图5–13

图5–14

易犯错误：腕部僵硬，剑在头上未走平圆。

纠正方法：做云剑时，五指松握剑格，腕部放松。同时可选做一些加强腕部灵活性的练习。

第三节　基本剑法与步法的结合

第一组：上步左右撩剑—转身腕花插步反撩剑—弓步撩剑—转身左弓步正劈剑—转身右弓步反劈剑—后点步架剑

动作说明：

1. 两脚开步站立，右手握剑于身体右侧，剑尖向前，左手变剑指垂于身体左侧，左肘微屈，目视前方。

扫码观看视频

2. 左脚向前上步，右脚脚跟提起；同时身体左转，右臂外旋，使剑沿身体右侧向左前上方撩击，随即右臂内旋，使剑沿身体左侧向右前上方撩击，拇指侧向下，剑尖向前，左剑指随转体向左、向上摆成斜上举，目视剑尖。

3. 右脚、左脚相继向前各上一步；同时身体右转，右手握剑沿身体左侧向前撩击，左剑指附于右前臂内侧，目视剑尖。

4. 右脚向左脚后移步，同时上体向右翻转；右手握剑向上、向后画弧，左剑指附于右胸前，目视剑尖。

5. 左脚向右脚后插步；同时身体向右拧转，右手握剑由上向下于身体右侧绕一立圆，随即向后反撩剑，拇指侧向下，剑尖斜向上，左剑指由下向上摆于头的左上方亮指，目视剑尖。

6. 两脚不动，身体向左翻转，右手握剑向下经身体右侧向前撩击，左剑指向下落于右胸前，目视剑尖。

7. 两脚以前脚掌为轴向左蹍转成左弓步；同时，身体左转，右手握剑向上、向前劈剑，拇指侧向上，左剑指置于头上方，目视剑尖。

8. 两脚以前脚掌为轴向右蹍转成右弓步；同时，身体右转，右臂外旋向上、向前反劈，拇指侧向下，左剑指成斜上举，目视剑尖。

9. 右腿蹬直，左脚向前跟半步，脚尖着地成后点步；同时，身体右转，右手握剑内旋向上架于头的右上方，拇指侧向下，剑尖向左；左剑指附于右胸前，目视左侧。

第二组：上步左右挂剑—翻身挂剑—仆步刺剑

动作说明：

扫码观看视频

1. 两脚开步站立，右手握剑于身体右侧，剑尖向前，左手变剑指垂于身体左侧，左肘微屈，目视前方。

2. 身体先向右转再向左转，右手握剑向后、向上画弧，左剑指向前、向下画弧，目视左剑指。

3. 右腿支撑，左腿屈膝提起；同时身体向左拧转，右手握剑向下沿身体左侧向后挂剑，左剑指附于右上臂内侧，目视前方。

4. 左脚向前上步，左腿屈膝，同时身体向右拧转，右手握剑随转腰向上、向前沿身体右侧向后挂剑，左剑指前伸，目视斜前方。

5. 右脚向前上步，同时身体右转，右手握剑向上、向前挂剑，左剑指置于脸左侧。

6. 身体向左翻转，左脚向右脚后移步，右手握剑随翻身向前、向下沿身体右侧向上、向下挂剑，左臂伸直随身体翻转，然后屈臂，左剑指成斜上举，目视剑尖。

7. 左脚向前上步，屈膝下蹲，右腿蹬直成仆步；同时，身体右转，右手握剑向下经右腿外侧向右伸臂直刺，拇指侧向上，剑尖向右，左剑指向左斜上举，目视剑尖。

第三组：左右顺腕花—左丁步点剑—左弓步撩腕花—翻身顺腕花—歇步抱剑—右弓步刺剑

扫码观看视频

动作说明：

1. 两脚开步站立，右手握剑置于身体右侧，剑尖向前，左手变剑指垂于身体左侧，目视前方。

2. 左脚向左前方上步，同时身体先向左转再向右转，右手握剑向左经体前沿顺时针方向绕立圆，随即向右经体后沿顺时针方向绕立圆至身体右侧成立剑，左剑指移至身体左侧，目视剑尖。

3. 右腿屈膝支撑，左脚向右脚靠拢，以脚尖着地成丁步；右手握剑向前下方快速扣腕点剑，拇指侧向上，左剑指向左上方画弧亮指于头的左上方，手心斜向上，目视剑尖。

4. 左脚向后迈步，左腿屈膝，右腿蹬直，身体向左侧倾；同时，右手握剑向上经体后沿逆时针方向绕立圆，左剑指附于右臂内侧，目视斜前方。

5. 右脚从左脚后撤步，右手握剑向上经体前向右、向下、向上绕立圆，左剑指仍附于右臂内侧，目视剑尖。

6. 以两脚前脚掌为轴向右蹍转，使身体右转，右手握剑随转体向右上方带剑。

7. 左脚向前上步，身体右转，随即右脚向左脚后插步，两腿屈膝全蹲成歇步；右手握剑随转体在头上绕平圆，然后收剑抱于胸前，左剑指随屈肘附于右腕，目视剑尖。

8. 右脚向右上步，右腿屈膝，左腿蹬直成弓步；右手握剑向右直刺，拇指侧向上，左剑指向左斜上举，目视剑尖。

第四组：转身云剑—右手接剑右弓步斩剑—转身云剑—插步截剑

动作说明：

1. 两脚并步站立，左手握剑置于身体左侧，左肘微屈，剑尖向上；右手变剑指置于身体右侧，右肘微屈，目视前方。

2. 右脚向右上步，屈膝；左手握剑侧摆，右剑指向右侧平举，目视右侧。

扫码观看视频

3. 左脚向右脚前盖步，以两脚前脚掌为轴向右蹍转；同时，身体右转，左手握剑随转体向头上托起，并在头上绕一平圆，随即收抱于体前，右剑指亦随身体转动于体前接握剑柄，目视右前方。

4. 右脚向右上步，右腿屈膝，左腿蹬直成弓步；同时，右手握剑向右平斩，手心向下，剑尖向右，左剑指斜上举，目视剑尖。

5.左脚向右脚前盖步，两腿微屈膝；同时，身体右转，右手握剑随转体回带于胸前，手心向上，左剑指附于右上臂内侧，目视剑尖。

6.身体继续向右转，右手握剑向头上托起，随转体在头上绕一平圆，左剑指仍附于右上臂内侧。

7.身体随剑右转，两脚成插步，右手握剑向右斜上方截剑，左剑指置于左上方，目视剑尖。

第六章　棍术的基本技术训练

第一节　棍术介绍

棍，是中国武术的著名长器械，其作用和威力是不可忽视的。棍法快速勇猛、舞动如飞。棍术练起来呼呼生风、节奏生动，既是人们所喜爱的武术健身项目，也是各种传统武术和现代武术竞赛的主要项目之一。棍在武术器械中占有重要的地位，在众多的武术流派中，也都有各种棍术的练习方法和套路。棍术的内容丰富，具有勇猛泼辣、密集如雨、攻防分明、气势恢宏、简单易学的特点。棍术套路在演练时上下翻飞、八方纵横，有“棍扫一大片”之说，也是武术的入门器械套路。棍术的主要技法有：进攻性棍法，如劈、截、抡、扫、崩；防御性棍法，如拨、搅、格、舞花等。练好棍术要从基本棍法练起，而且要持之以恒；练习时臂部、腕部要放松，动作不要僵硬。练习棍术也要求臂部圆热、梢把兼用、身棍合一，对练习者身体的整体协调性有较高要求。

“月棍，年刀，日月枪。”这是针对棍、单刀、枪这三种兵械技法的难易程度而言的，指明棍较易练，刀次之，枪最不易练好。“月棍”，意指练好棍术，用时较短。棍身不长也不短，又无刃无刺，棍法较为简单，棍把、棍梢、棍身皆可握持，任意使用，极为灵活。因此，棍是较易练好的一种兵械，也常作为学练兵械的入门之艺。

第二节　基本棍法

一、劈棍

动作说明：两脚并步站立，两手满把正握，右手握于棍身中后段，左手握于棍把处，将棍直举于身体左侧，目视左前方；左脚向左跨一步，左腿屈膝，身体左转90°，见图6–1，同时两手用力将棍由上向前、向下直劈，力达棍身前段和棍梢。

要点：下劈要快速有力，但不可僵硬，右手可伴同下劈微向下滑把，使两臂微屈；上下须协调配合，步略先于棍到位。

图6–1

易犯错误：

（1）耸肩，直臂，动作僵硬。

（2）下劈无力。

纠正方法：

（1）开始练习时无须用全力，注意肩部、臂部动作，逐渐加力。

（2）下劈时注意动作加速，棍把要握紧。

二、摔棍

动作说明：两脚并步站立，两手满把正握，左手握于棍身后段，右手握于棍把处，将棍举于头后上方；左脚向前方上步，右腿屈膝全蹲，左腿平铺成仆步，同时两手握棍用力使棍由上向前、向下直劈，摔击于地面，目视前方。（图6–2）

要点：与劈棍基本相同，摔击地面时左手松握，以手心按压棍身；摔击地面时棍身要平击地面，下蹲与摔棍要协同。

图 6–2

易犯错误：

（1）棍身前段先着地。

（2）棍落地方向与仆步方向不一致。

纠正方法：

（1）先练习轻摔棍，强调平落。

（2）落棍时注意棍身正直，动作结束后及时检查棍身是否靠近前脚脚尖。

三、抡棍

动作说明：两手紧靠，满把正握于棍身后段，将棍平背于右肩上，重心偏右脚，成右弓步；两手用力使棍由右侧经体前向左平抡，将棍平背于左肩上，成左弓步。（图 6–3）

要点：留把长度适宜，抡棍要平，力达棍身前段；配合腰腿力量，平抡时，呼呼生风，两手注意旋腕。

图 6–3

易犯错误：

（1）留把太少，平抡无力；或留把太多，棍把触碰胸部。

（2）旋腕时机不对。

纠正方法：

（1）抡棍前检查握把位置，轻轻来回试抡一次，确定握把部位。

（2）先做慢动作，注意旋腕，逐步加速加力。

四、单手抡云棍

动作说明：两手满把正握于棍身后段，将棍平背于左肩上，成左弓步；两手用力由左向右平抡，左手松开；右手顺势旋腕，仰身使棍在头上平抡一周，左手向左推掌，见图6–4；右手继续旋腕，将棍斜背于背后，成右弓步，左手向前推掌，目视前方。

要点：由平抡到云棍、背棍，须一气呵成，动作干净利落。

图6–4

易犯错误：

（1）动作不连贯、不完整。

（2）云棍高度太高。

纠正方法：

（1）动作由慢而快。

（2）云棍高度尽量降低，顺势而连。

五、扫棍

动作说明：以图6–4动作为预备姿势，两手满把正握于棍身后段，将棍平背于左肩上，两手用力使棍由左向右下方平扫，成右弓步。（图6–5）

要点：向下平扫时要配合转腰发力，快速有力，力达棍身前段，棍梢可触及地面。

图6–5

易犯错误：

（1）向下平扫时过高。

（2）向下平扫时无力。

纠正方法：

（1）注意棍梢尽量触地或贴近地面，扫棍要平。

（2）注意配合转腰发力。

六、撩棍

动作说明：两手紧靠，满把正握于棍身后段，将棍举于身体左上方（约同劈棍上肢动作），右脚在前，错步站立；同时两手使棍由后向下，经身体左侧向前撩击，力达棍身前段。（图6–6）

要点：棍身须靠近体侧，撩出时要有力。撩出时，右手可微微向后滑把。

图 6–6

易犯错误：撩出时棍梢触地或远离体侧。

纠正方法：左臂注意屈肘使棍梢略高于地面，以免触地。

七、点棍

动作说明：预备姿势同劈棍预备姿势，左脚向左跨一步屈膝，两手握棍经体前上方向左侧点击地面，力达棍梢，见图6–7；左脚向右脚后倒插一步，同时身体稍右转，两手握棍经体前向上、向右、向下点棍，见图6–8。先向右侧点棍再向左侧点棍与先向左侧点棍再向右侧点棍动作相同，唯方向不同。

要点：点棍轻快敏捷，两手适当滑把。

图 6–7

图 6–8

易犯错误：动作僵硬无力。

纠正方法：注意两手合力，以前臂和腕部用力为主，用上臂和肩部带动发力，下点时要加速。

八、崩棍

动作说明：以摔棍的结束动作为预备姿势，身体起立，右手随右臂稍屈置于左胸前，使棍身斜向下；重心右移成右横裆步，同时右手握棍把用力下按于腹前，左手滑把至棍身中段时突然握紧，两手合力使棍身前段由下向上崩起，棍身颤动，目视棍梢。（图 6–9）

要点：注意两手的配合，用力短促，有制动感。

图 6–9

易犯错误：

（1）两手用力不协调，缺乏爆发力。

（2）动作过大而松散无力。

纠正方法：

（1）两手握棍保持水平，着重体会两手配合的短劲，注意由松而紧。

（2）也可由同伴用棍做向练习者胸前直戳的动作，练习者以崩棍碰击对方棍身。

九、戳把

动作说明：两脚并步站立，两手握棍，右手握于棍身后段，左手握于棍身前段，将棍平持于胸前，棍梢向左；右脚向右跨一步成弓步；同时两手用力使棍向右直戳，力达棍把。（图6–10）

要点：用力短促准确，直进直出，步到棍到。

图6–10

易犯错误：棍身远离身体，棍戳出时左右摇晃，力点不准。

纠正方法：

（1）先做慢动作，注意棍的运行路线，然后逐渐加速。

（2）也可假设一个目标（如画一个圆圈），将棍戳向圈内。

十、挑把

动作说明：两脚略前后站立，两手满把握棍，右手握于棍身后段，左手握于棍身中段，将棍身斜置于身体左后方，棍把向下；右脚向前上一步成弓步，同时两手使棍把由后经身体左侧向前、向上挑击，力达棍把。（图6–11）

要点：注意两手合力，一上一下，快速有力；上挑时前位手须略滑把后再满把紧握，以增加攻击长度。

图 6–11

易犯错误：棍身远离身体上挑，上挑力度不够。

纠正方法：

（1）先做慢动作，注意棍的运行路线。

（2）上挑时加速用力。

十一、盖把

动作说明：两脚并步站立，两手满把握棍，右手握于棍身前段，左手握于棍梢，将棍身斜置于身体左后方，棍把向下。左脚向前上一步成弓步，同时两手使棍把由后向上、向前、向下劈盖。（图 6–12）

要点：下盖动作快速有力，前位手可略滑把以增加攻击长度，力达棍身后段和棍把。

图 6–12

易犯错误：

（1）盖棍一端太短。

（2）盖棍未从上而下。

纠正方法：

（1）注意前位手滑把动作。

（2）强调由上而下的弧线，可假设一个攻击目标，在中近距离盖打此目标。

十二、横击把

动作说明：以挑把的初始动作为预备姿势，左脚向前上一步成弓步，同时两手使棍把由后斜向上、向左横击，力达棍把。（图6–13）

要点：横击前，右手略向斜下方抽棍，左手略向棍身前段滑把；横击时，右手略向后滑把，然后握紧，以加长攻击距离。

图6–13

易犯错误：

（1）棍的路线未走横线，与挑把或盖把混淆。

（2）握把太死，攻击距离太短。

纠正方法：

（1）强调棍把在水平位上运行。

（2）先假设一个攻击目标，在攻击时必须击到部位，自然滑把以加长攻击距离。

十三、绞棍

动作说明：两腿成半马步或弓步，两手满把握棍，左手近棍身后段，右手近棍把。外绞棍沿顺时针方向绞圆，里绞棍沿逆时针方向绞圆。（图6–14）

要点：棍把要紧靠身体，绞棍时腰与两手协同配合。绞圆面积不宜太大，直径在30厘米左右。

图 6-14

易犯错误：

（1）棍把远离身体，两手配合不协调。

（2）动作僵硬或无力。

纠正方法：

（1）先按动作要点以中等速度进行，再逐步加速，注意柔中有刚。

（2）同伴进攻，练习者用绞棍防守。

十四、云棍

动作说明：两脚开步站立，两手分开正握于棍身中后段，左手近中段，右手近后段，将棍把置于右腋下；以右手为主，使棍梢由右向左、向后于头上方平绕，左手变钳把握棍，伴随平绕；棍梢继续由后向右、向左平绕，棍把顺同方向平绕，见图6-15；棍梢绕至身体左前方，将棍把置于左腋下。

要点：棍在头顶上方成平圆舞动，动作快速连贯。

图 6-15

易犯错误：

（1）棍身未在水平位上转动。

（2）动作不连贯。

纠正方法：

（1）多做徒手两臂交叉练习。

（2）由同伴协助判别棍是否成平圆舞动。

十五、拨棍

动作说明：两脚开步站立，左手满把握棍，将棍把置于右腋下，右手握于棍身后段，手心朝下，见图6–16。以右手为主，使棍身前段由前向右平移，力达棍身前段，为右拨棍。左手在前、右手满把握棍于左腋下时，棍身前段通常向左平移，为左拨棍。

要点：用力轻快平稳，当同伴击来的器械贴近时拨棍，幅度不宜太大。

图6–16

易犯错误：用力过猛，幅度太大，容易与格棍动作混淆。

纠正方法：多做有同伴配合的拨棍练习，必须在同伴击来的器械贴近的瞬间拨棍。

十六、格棍

动作说明：两脚前后站立，左手握棍身后段于体前，右手握棍把于右腰侧，见图6–17。以前位手为主，迅速将棍身向左或向右平移，前位手手心朝内，为左右上格棍。

要点：格棍动作快速有力，与同伴击来的器械成垂直角度。

图 6–17

易犯错误：

（1）动作不迅猛。

（2）前位手手臂太直，格棍无力。

（3）前位手手心未朝内，形同拨棍。

纠正方法：同伴持器械，协助练习，直刺练习者上方或下方，使练习者体会格棍的短促用力。

十七、推棍

动作说明：以格棍的结束动作为预备姿势，左脚向左上一步成弓步，身体左转，两手握棍以棍身向前推击，使棍斜置于体前，也可水平横推。（图 6–18）

要点：推棍时身体重心同时前移，两手同时用力。

图 6–18

易犯错误：身体重心的转移与向左弓步未同步，与推棍用力不一致。

纠正方法：按要点体会，也可两人一组，相互配合做攻防练习。

十八、双手舞花棍

动作说明：两手对握于棍身中后段（近棍把一端），两脚前后站立。左手松握，右手向右、向后、向下方抽棍，并由后向上、向前立圆绕行劈把；左手随棍身转动成钳把握棍，棍梢伴随由上向前、向下、向右后方绕行。上动不停，身体左转，重心落于两脚中间，两手继续使棍把由前向下立圆绕行，下挂于左腿外侧，两臂自然交叉。上动不停，两手继续使棍把由下向上、向前立圆绕行，左手自然转腕使棍身贴于掌心。上动不停，左手握棍使棍梢向上、向前立圆绕行劈棍。上动不停，重心前移，两手使棍梢继续向右腿外侧下挂，两臂自然交叉，右手成钳把握棍。两手继续使棍梢向后、向上、向前立圆绕行。（图6–19、图6–20）

要点：棍梢、棍把始终伴随在相反位置上立圆绕行。棍把前劈下挂于身体左侧，棍梢前劈下挂于身体右侧；一手前劈下挂，另一手为钳把，动作要连贯。

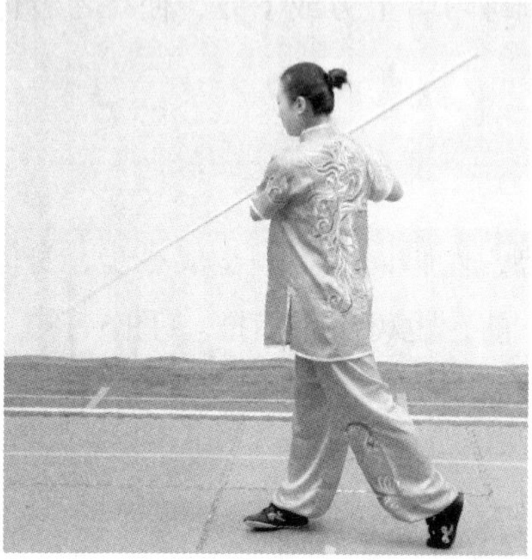

图6–19

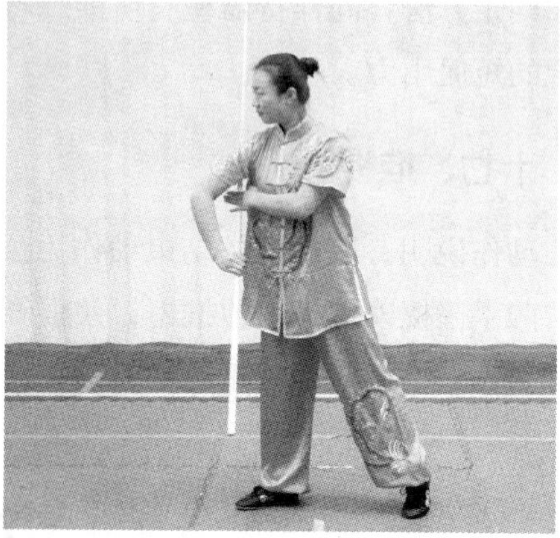

图6–20

易犯错误：

（1）握把太死，动作不连贯。

（2）棍做立圆绕行时离身体两侧较远。

纠正方法：

（1）两手轮替，一手为主，另一手松握。

（2）下挂时尽量靠近腿侧，前劈时则劈向前方正中位置。

十九、提撩舞花棍

动作说明：两脚前后站立，两手紧靠，正握于棍身后段，棍梢端朝上。两臂屈肘用力，使棍梢由上向后、向身体右侧下方立圆绕行。两手握棍顺势旋腕上提，使棍梢继续向前、向上撩起，棍把随之移至头的左侧。上动不停，两手旋腕，使棍梢顺势在身体左侧绕行一周，向前撩起，棍把随之移至头的右侧。（图6–21、图6–22）

要点：两手握棍部位恰当，棍在体侧运行时成立圆，提撩时用力，做其他动作时应旋腕柔和，随其惯性。

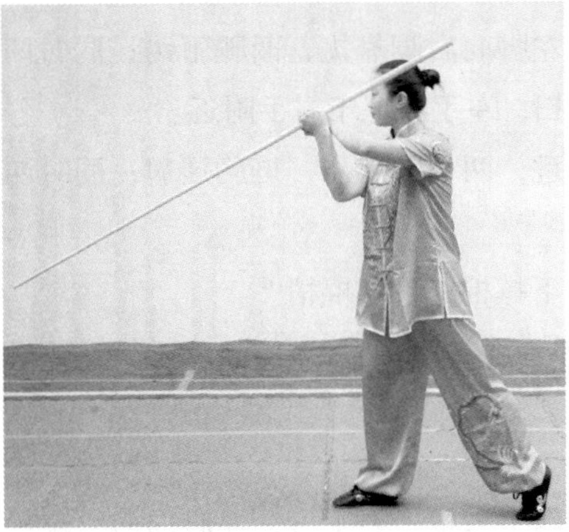

图6–21

图6–22

易犯错误：

（1）动作不连贯。

（2）棍离体侧太远。

（3）动作太软或太硬。

纠正方法：

（1）由慢到快，逐步在向前提撩时加力。

（2）棍梢向后方下落时注意贴近脚踝外侧。

第三节　基本棍法与步法的结合

第一组：歇步平举棍—蹲步扫棍—腾空后举棍—仆步摔棍

动作说明：

1. 两手握棍，右手握于棍把，左手握于棍身后段，将棍平举于身体前方，两腿下蹲成左歇步。

扫码观看视频

2. 身体立起右转，右脚后撤一步；同时右手握把向右胸前拉棍，左手松握自然前滑。

3. 身体继续右转，左脚向右脚靠拢，两腿下蹲；同时两手用力使棍自左向右下扫，左手滑把于右手附近。

4. 两脚用力蹬地起跳，两小腿后屈，挺胸展髋；同时两手向上、向后举棍。

5. 两脚落地成左仆步；同时两手握棍向下摔棍，目视棍梢。

第二组：弓步劈棍—提撩舞花棍—弓步肩背棍

动作说明：

扫码观看视频

1. 两脚并步站立，两手举棍于右上方，左脚向前方跨步成左弓步，同时向下劈棍。

2. 右脚上步于左脚旁成右丁步；右手向棍身后段滑把，左手换握，棍梢由前到后滑动。

3. 右脚上步成右弓步，同时两手握棍经左腰侧向前戳把。

4. 两手握于棍身后段，做右提撩舞花棍，然后右腿屈膝提起。

5. 上动不停，做左提撩舞花棍，然后背棍于右肩上，右脚向右落步成右弓步。

第三组：舞花弓步劈棍—震脚弓步架棍—虚步盖把—跳步转身云棍—弓步拨棍

动作说明：

1. 两脚并步站立，两手对握于棍身后段。

2. 两手握棍在体前舞花半周，身体左转，左脚向前上半步；棍把向左下挂，继续舞花于身体左侧。

扫码观看视频

3. 左腿屈膝提起，棍梢向上挑起，使棍斜立于身前；左脚向前落步成左弓步，同时向前、向上架棍。

4. 左脚后撤半步成右虚步；同时左手握棍收于左胯旁，右手握棍由上向下盖把。

5. 左脚向左斜前方上步，蹬地起跳转身约360°；同时两手握棍在头上方向左云棍一周。

6. 落步成左弓步，向左拨棍。

7. 右脚向右上步成右弓步，向右拨棍。

第四组：前点步点棍—连续提撩舞花棍—回身仆步摔棍—转身弓步盖把—弓步肩背棍—抡云棍—弓步背棍

动作说明：

1. 左脚前点，两手紧靠，正握于棍身后段，棍梢点地。

2. 做右提撩舞花棍，右脚向前上步。

3. 做左提撩舞花棍，左脚向前上步。

4. 右、左再连续做三次。

扫码观看视频

5. 随左提撩舞花棍身体向右后转身约180°成左仆步，由上向下摔棍。

6. 身体立起，右手抽把，左手向前滑把；右脚向前上步，身体左转约180°成左弓步；两手握棍使棍把向上绕行，向左前下方盖把。

7. 左手抽把，右手向前滑把；身体右转约180°成右弓步，左手松开，右手向右扫棍，两手将棍背于右肩上；身体左转约180°成左弓步，右手向左扫棍；重心左移，向右云棍。

8. 重心右移，身体右转约180°，成右弓步，两手将棍背于身后。

第七章　枪术的基本技术训练

第一节　枪法介绍

枪，是中国武术中的著名长器械，由棍与矛演化而来，为武术常用器械之一，被称为“长兵之帅”。枪术的运动特点是忽长似矛，忽短似匕；尖扎把打，首尾相兼，故有“枪似游龙”之喻。枪术主要以拦、拿、扎为主，配合舞花、劈、崩、穿、缠等枪法和各种步法、身法、跳跃等动作构成枪术套路，具有翻转自如、灵活多变、节奏明快的特点，有“枪扎一条线”“去如箭，来如线”一说。

枪在武术器械中尤为难练，因为枪械较长，增加了身械协调的难度，而枪法又主要集中在“枪头”和“枪杆前段”，所以技法较为复杂多样。

第二节　基本枪法

一、扎枪

动作说明：两腿屈膝半蹲成半马步，左脚脚尖与枪头向左；两手握枪，右手握于枪把，使枪杆贴近右腰侧，左手握于枪杆中段，左臂微屈，目视枪头。向左转腰，身体重心前移，右腿蹬直成弓步；同时右手向前送枪，使枪杆沿松握的左手滑动，向前方平扎，力达枪头。（图7–1）

要点：

（1）右手向前送枪与右腿蹬直、向左转腰用力要一致，力达枪头。

（2）枪杆平直向前扎出。

（3）在枪杆扎出过程中，后位手须触及前位手。

图 7–1

易犯错误：

（1）扎枪无力。

（2）耸肩。

（3）枪杆扎出前未贴近右腰侧。

（4）枪杆向前扎出后不平直。

纠正方法：

（1）强调手与腰腿的配合，在枪杆扎出过程中，后位手须触及前位手，最后动作要有爆发力，并使枪杆颤动。

（2）枪杆扎出后，自我检查是否耸肩。如有耸肩，则先减轻用力力度，肩部注意放松。

（3）注意右手紧靠右腰侧，扎枪和抽回都注意右手触及右腰侧。

（4）左手固定好位置，枪杆扎出后检查其位置是否偏高或偏低，或假设好目标进行练习。

二、拦枪、拿枪

动作说明：两手握枪，右手贴近右腰侧，成半马步。以左手为主，使枪杆前段由内向上、向外绕行，枪头绕一20厘米左右直径的圆弧，为拦枪，见图7–2。以左手为主，使枪杆前段由外向上、向内绕行，枪头绕一20厘米左右直径的圆弧，为拿枪，见图7–3。

要点：

（1）拦枪、拿枪要有力，配合右手与腰部的力量。

（2）绕圆弧的直径不要太大。

（3）拦枪、拿枪、扎枪的复合动作是枪术中最重要的基本枪法，应重点练习。

图 7–2

图 7–3

易犯错误：

（1）两手用力不协调，枪头未出现绕圆弧的动作。

（2）动作幅度太大，松散无力。

纠正方法：

（1）自我检查或相互检查枪头的绕行轨迹，体会两手与腰部的协调用力。

（2）由同伴用枪或棍进攻，练习者以拦枪、拿枪防御，体会劲力。

三、挑枪、劈枪

动作说明：两脚前后站立，右手握于枪把，左手握于枪杆后段，以左手为主由前向上挑起，为挑枪，见图 7–4。两脚前后站立，右手握于枪把，左手握于枪杆后段，枪杆直立，举于头上方，以左手为主，使枪杆由上向下劈击，为劈枪；举枪时左掌心向后，劈下时掌心朝上，为反劈枪，见图 7–5。

要点：

（1）左臂弯曲幅度不可太大，保持微屈。

（2）上挑和下劈时要有力，力达枪头和枪杆前段。

图 7–4

图 7–5

易犯错误：

（1）上挑和下劈幅度太小且无力。

（2）手臂过于伸直。

纠正方法：

（1）假设一个目标进行练习。

（2）由同伴配合进行练习。

四、点枪

动作说明：两腿成半马步，两手握枪于右腰侧，右手握于枪把，左手握于枪杆中段，右脚靠于左脚旁成并步；同时右手将枪杆向前送，左手松握滑把至枪杆后段，两手合力上抬，使枪头突然向下点击。（图 7–6）

要点：

（1）松握滑把与向下点枪衔接要紧，不可分开。

（2）向下点枪短促有力，幅度不要太大。

图 7–6

易犯错误：

（1）力点不准，短促无力。

（2）与劈枪不分，向下点枪不明显。

纠正方法：

（1）强调滑把后的两腕动作。

（2）由同伴设定一个目标，练习者进行点枪练习。

五、崩枪

动作说明：以点枪的结束动作为预备姿势，右脚后撤一步，左脚跟步成并步；同时左手松握，右手抽枪把于右腰侧，接近完成时，左手猛然握紧枪杆中

段，以两手合力，使枪杆前段向上崩颤。（图 7–7）

要点：

（1）左手由松握到紧握的时机要掌握好。

（2）须由柔而刚，有爆发力。

图 7–7

易犯错误：

（1）崩枪时两手配合不当，无爆发力。

（2）动作僵硬，枪杆未产生震颤。

纠正方法：

（1）先做并步站立的崩枪练习，着重体会两手合力配合的时机。

（2）由同伴用枪假设一个正面进攻点，练习者练习崩枪拦击，体会力点。

六、缠枪

动作说明：两脚前后站立，两手握枪于右腰侧，右手握于枪把，左手握于枪杆后段。左手松握，右手将枪略向前送，使右手握枪把于体前；以右手为主，左手为支点，使枪头做立圆绕行。沿顺时针方向绕行为顺缠，沿逆时针方向绕行为逆缠。（图 7–8）

要点：

（1）两手用力柔和，枪头和枪把绕圆协调。

（2）以右手为主，左手为支点；但左手与腰部要配合右手转动，不可固定不动。

（3）绕圆高不过肩、低不过胯，直径 30 ~ 40 厘米。

图 7–8

易犯错误：

（1）动作僵硬，枪把与枪头同时绕圆。

（2）枪头未出现立圆绕行。

纠正方法：

（1）先做原地站立练习，注意左手、腰部与右手的协调配合。

（2）由同伴在枪头前伸一木棒，练习者必须沿木棒缠绕。

七、穿枪

动作说明：两脚开步站立，两手握枪，右手近于枪缨，左手握于枪杆前段。右手握枪，使枪头顺腹前向右抽，左手松握滑把，重心右移，枪头扎于身体右侧。右臂屈肘，右手向左抽枪，左手松握滑把，同时成左弓步，使枪杆滑于左前方，高与肩平。头部和上体后仰，右手近于枪缨。上动不停，右手向右抽枪，左手松握滑把，使枪头穿过喉前向右平扎或向右下方扎去。（图 7–9）

要点：

（1）左手松活，右手抽枪要快速自如。

（2）穿枪时贴近所穿部位，运行轨迹成直线。

易犯错误：

（1）穿枪不流畅。

（2）穿枪离腰、喉等所穿部位空隙过大。

图 7–9

纠正方法：

(1) 做原地抽枪、滑把的适应性练习。

(2) 由慢到快，注意穿枪时贴近所穿部位。

八、云拨枪

动作说明：两脚前后站立，右手握枪于右腰侧。身体右转，同时左手握于枪杆前段向下滑把，右手握枪把上提与腹同高，见图 7–10，两手用力使枪杆由左向右平转。上动不停，两手继续使枪杆在头上方平转，身体随之右转，左脚向前上一步，左手用力向右推拨枪杆，至右前方时，用力抓握枪杆。

要点：

(1) 动作连贯，云枪要平。

(2) 平拨时要有力，使枪杆震颤。

易犯错误：

(1) 左手未及时滑把，形同平抡。

(2) 动作僵硬，不连贯。

(3) 云拨枪时枪杆不平。

纠正方法：

（1）先做慢动作，柔和用力。

（2）由同伴检查，练习者根据提示进行练习。

图 7–10

九、扫枪

动作说明：两脚开步站立，两手握枪，右手握枪于右腰侧，枪头斜向下；身体向右扭转，成右弓步；身体再向左转约 180°，右腿全蹲成左仆步；同时，使枪杆前段由右接近地面向左平扫。（图 7–11）

要点：

（1）扫枪要平，不可忽高忽低。

（2）边扫枪左手边向前滑把，右手向右拉开。

（3）动作迅速有力。

易犯错误：

（1）扫枪不平。

（2）速度太慢。

图 7–11

纠正方法：

（1）注意左手向前滑把时要控制枪头的运行轨迹。

（2）设置一个位置较低的目标软物，要求枪杆前段必须碰到目标。

（3）注意转身与扫枪的配合用力。

十、拉枪

动作说明：拉枪预备姿势与扫枪预备姿势相同。上体向左转约90°，左脚在体前成前点步，同时使枪杆由右向左平拉，左手松握向枪杆中段滑把，右手随右臂屈肘提于右耳侧。（图 7–12）

要点：

（1）手部、脚部、拉枪的动作要协调一致。

（2）枪杆贴身，拉枪的动作不要过大。

图 7–12

易犯错误：

（1）拉枪不近身。

（2）动作不稳。

纠正方法：注意滑把与转身的配合。

十一、仆枪、摔枪

动作说明：两手握枪立举于身体右侧，成左丁步，由上向下劈枪；同时右腿全蹲，左脚平铺成仆步，使枪杆贴近地面，为仆枪，见图7–13。两脚开步站立，两手握枪横举于头上，枪头向后，右手用力下劈，右腿屈膝成弓步，使枪杆平摔落地，为摔枪。

要点：

（1）仆枪、摔枪均要使枪杆平落。

（2）摔枪要迅速有力。

图7–13

易犯错误：仆枪和摔枪时枪杆不平，使枪杆前段先落。

纠正方法：先做慢动作进行检查，逐步提高速度和用力程度。

十二、立舞花枪

动作说明：两手握枪于枪杆中段，左手在上，枪杆直立于身体右前方，两脚开步站立，右脚略前。两手用合力使枪头向下、向身体右侧绕圈。动作不停，两手使枪把向身体左下方绕行，枪头在身体右后方向后、向上绕行，见图7–14。动作不停，两手使枪杆继续在身体左侧绕转一周，使枪头又转至身体右上方。动作不停，两手使枪头由上向前、向右下方绕行，见图7–15。动作不停，两手继续使枪头向上绕行半周，以此循环。

要点：

（1）左手在舞花时注意松握，为钳把握枪，才能使舞花灵活自如。

（2）切记向左舞花时枪把一端下挂，向右舞花时枪头一端下挂。

（3）舞花时，枪杆的舞动轨迹要成立圆，尽量靠近身体。

图 7–14

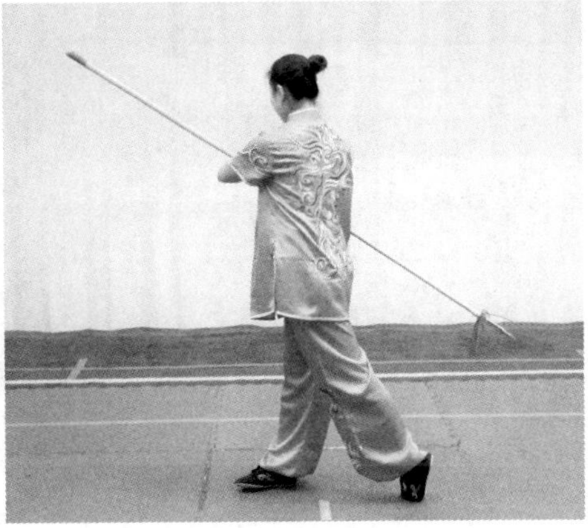

图 7–15

易犯错误：

（1）手未握枪杆中段，使枪杆两头力量不均。

（2）枪杆离身体两侧太远，枪杆的舞动轨迹不成立圆。

（3）舞花时枪杆碰腿。

纠正方法：

（1）动作由慢渐快，循序渐进地练习。

（2）枪向两侧下挂时尽量与地面垂直。

（3）可站在一条直线上或靠近墙练习。

十三、平舞花枪

动作说明：两脚开步站立，左手握枪于左侧平举，右手从左腋下反握枪杆，使枪杆平置在左腋下。左手握枪用力向右肩上方弧形摆动，右手握枪向左前方用力；两手同时使枪杆由左向右上方绕弧形。动作不停，左手握枪继续由右肩上向后、向左摆动，右手摆至右上方，将枪横举于头上方。动作不停，左手握枪摆至右胸前，向左上方摆动，使枪头继续向后、向右弧形绕行。右手握枪继续向右平

摆，使枪头继续向后绕行。（图 7–16）

要点：

（1）两手握枪松活，枪杆要平。

（2）舞动时枪杆在头顶上成平圆绕动，动作要连续、协调。

图 7–16

易犯错误：

（1）枪杆绕动不成平圆、无力。

（2）握枪僵硬，枪杆转动不圆滑。

纠正方法：

（1）握枪要平，枪杆转动的轨迹成平圆，动作协调。

（2）握枪力度适中，先放松体会动作，待熟练后再用力。

十四、戳把

动作说明：半马步握枪，左脚向右脚后撤步成叉步，同时左手握于枪杆中前段向右推送，右手随之向枪杆中后段滑动，右脚向右跨一步成右弓步，向右戳把，力达枪把。（图 7–17）

要点：戳把时力达枪把，用力迅猛。

图 7–17

易犯错误：

（1）戳把无力，力点不准。

（2）戳把时枪杆离身体太远。

纠正方法：

（1）按照动作要求先做慢速练习，体会动作。

（2）设置一个目标物，用力击打它。

十五、挑把

动作说明：两脚前后站立，两手握枪。重心后移，左手握于枪杆中前段，右手滑握于枪杆中后段；左腿屈膝提起，同时两手使枪把由后经体侧向前、向上挑出，力达枪把。（图 7–18）

要点：枪杆靠近身体，两手一上一下用合力。

易犯错误：

（1）挑把无力。

（2）枪杆离身体太远。

纠正方法：

（1）设置一个目标物，反复对准目标物用力挑击。

（2）先练慢动作，注意枪杆的运动轨迹。

图 7–18

十六、撩枪

动作说明：两脚前后站立，两手紧靠，滑握于枪杆中段稍靠枪把处，用合力使枪头由上向后摆动。动作不停，经体右侧向前撩击，力达枪头，此为右撩枪，见图 7–19。左撩枪方法同上，唯左右相反，见图 7–20。

要点：

（1）撩枪时枪杆的运动轨迹成立圆，并尽量靠近身体。

（2）切记枪头由下向前、向上撩击。

（3）右手可微微随撩出向后滑把。

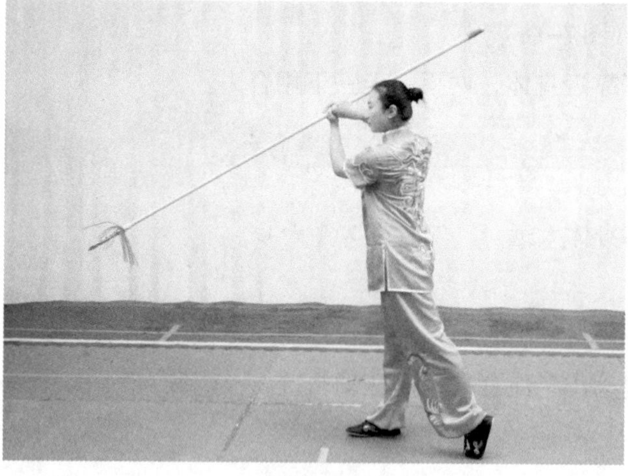

图 7–19

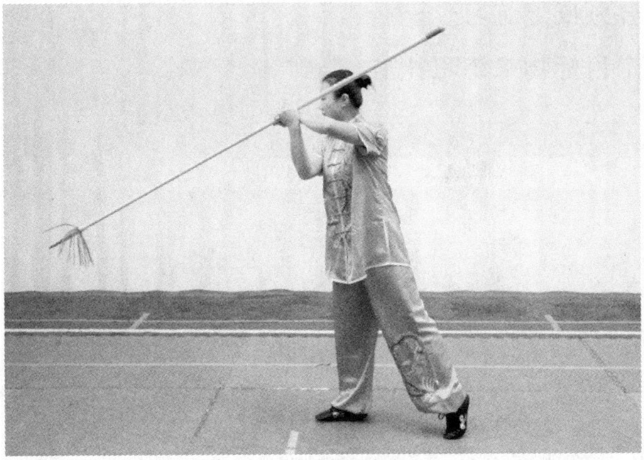

图 7–20

易犯错误：

（1）枪杆触碰身体或触碰地面。

（2）枪杆离身体太远，运动轨迹不成立圆。

纠正方法：

（1）两手握于枪杆中段稍靠后的位置。

（2）动作由慢到快，注意用腰配合。

（3）可站在一条直线上或靠近墙练习。

十七、翻身下扎枪

动作说明：两脚开步站立，右脚上前一步，两手用合力使枪杆向上挑起。身体向左转翻身，左脚向左移半步；同时，右手握枪用力向前下方扎出，枪头着地，左手成斜后举。（图 7–21）

要点：

（1）翻身时，枪杆与身体要协调。

（2）枪杆须从肩上直出，力达枪头。

易犯错误：

（1）翻身时，枪杆离身体太远。

（2）力未达枪头。

纠正方法：

（1）两手握枪贴近身体。

（2）按扎枪要领反复练习。

（3）设置一个目标物来练习扎击。

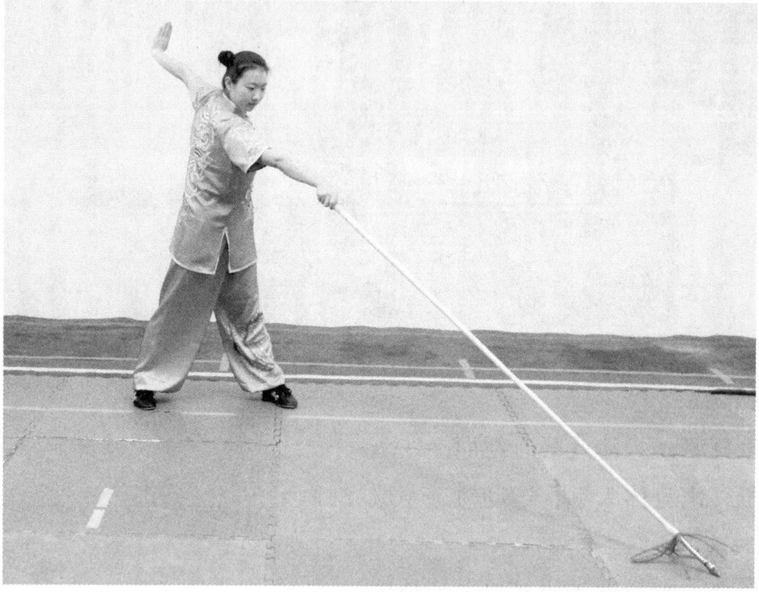

图 7–21

第三节　基本枪法与步法的结合

第一组：半马步握枪—拦拿扎枪—倒插步拦拿扎枪—跳步拦拿扎枪—回身单手下扎枪

扫码观看视频

1.两腿成半马步，两手握枪。

2.先做拦枪；重心前移，做拿枪；身体左转成左弓步，做扎枪。

3.身体重心上移，同时右脚向左脚后插步，做拦枪；左脚向左上一步成半马步，做拿枪；身体左转成左弓步，做扎枪。

4.左脚蹬地，右腿提膝起跳，做拦枪；两脚依次落地成半马步，做拿枪；两腿成左弓步，做扎枪。

5. 右脚向前上一步，枪回抽；身体向左上翻转，左脚向右脚后撤步，枪头上行；翻身成左弓步，右手向前下方做单手下扎枪。

第二组：并步下扎枪—弓步架枪—弓步压枪—转身下拦枪—半马步拿枪—弓步扎枪

1. 两脚并步站立，两手握枪，做下扎枪。
2. 右脚向后移一步，身体右转成右弓步；右手抽枪上架，伴有上拦枪的动作。
3. 两手握枪收回腰间，枪杆在体前下压，伴有拿枪的动作。

扫码观看视频

4. 右脚向左脚并步，枪贴身下拦，身体向左旋转一周。
5. 左脚向左上一步成半马步，做拿枪；重心前移成左弓步，做平扎枪。

第三组：半马步握枪—上步缠枪—回身下拦枪—提膝上拦枪

1. 两腿成半马步，两手握枪。
2. 右脚向前上步，脚尖外展，做沿逆时针方向的缠枪；左脚与右脚交替上步，连续缠枪，共三周。
3. 身体左转约180°，左脚上一大步，向左下方做拦枪。
4. 右腿屈膝提起，由左向右前上方做拦枪。

扫码观看视频

第四组：弓步扎枪—云拨枪—丁步拦枪—震脚点枪—弓步戳把

1. 左弓步平扎枪。
2. 身体右转，两脚开步站立，同时左手滑向枪杆中后段，向后做云拨枪。

扫码观看视频

3.左脚向右脚内回收成左丁步；右手握枪在右侧腰腹段，左手配合做拦枪。

4.左脚在右脚旁震脚，同时右手将枪向前送，左手松握滑把至枪把，两手合力上抬，使枪头突然向下点击。

5.右脚向右上一步，身体右转，同时左手握枪向右推送，右手随之向枪杆中段滑动，向右戳把，力达枪把。

第八章　武术运动的身体素质训练

第一节　力量素质训练

力量素质是指人体肌肉系统在工作时克服或对抗阻力的能力。运动员的力量取决于多种因素，如肌肉的生理横断面、红肌纤维与白肌纤维的比例、参与工作的肌群数量、肌群收缩的协调能力、中枢神经系统发放冲动的强度与频率等。运动员任何技术动作的表现都是通过肌肉工作来实现的，武术运动员的技术成绩和力量素质有着直接的关系。同时速度、耐力等素质的发展也受力量素质的影响。因此，力量素质是评价身体训练水平的重要指标。力量素质还可以根据不同的标准做以下划分。

一、动力性力量与静力性力量

根据肌肉收缩的形式，力量素质可分为动力性力量和静力性力量。动力性力量是指肌肉做等张收缩时所产生的力，即肢体产生明显的位移，使人体或器械产生加速度运动的力。动力性力量通常通过两种不同形式的肌肉收缩产生，即通过向心的克制性收缩和离心的退让性收缩产生。武术中的大多数跳跃动作都是运用动力性力量来完成的。其中动作的起动，如腾空飞脚起跳是通过肌肉的克制性收缩产生力量，而落地缓冲则主要是通过肌肉的退让性收缩产生力量。因此，在发展动力性力量时既要注意克制性收缩，也要注意退让性收缩。

静力性力量是指肌肉做等长收缩时所产生的力，即肢体维持或固定在一定的位置和姿势，如朝天蹬、燕式平衡等，未产生明显的位移的力。静力性力量在武术中的运用虽不如动力性力量普遍，但对保持持久平衡、完成难度动作、提高动作质量是十分重要的。

二、绝对力量和相对力量

根据力量素质与体重的关联性，力量素质可分为绝对力量和相对力量。绝对力量是指肌肉收缩时所能克服最大阻力的能力，通常称为“力量”或“最大力量”。相对力量是指运动员的绝对力量与其体重的比值。可见，相对力量受绝对力量和体重两个因素的影响。当体重保持相对稳定时，绝对力量越大，相对力量就越大。反之，若绝对力量不变，体重的增加或减少会引起相对力量的下降或增加，体重与相对力量成反比。这正是运动员需要保持身材比例适中和体重相对稳定的重要原因。

在青少年运动员的基础力量训练中，发展绝对力量是可行的，但对高水平运动员则不宜过多采用。高水平运动员主要依靠肌肉内协调和肌群间协调来增加力量，这种方法不会使肌肉体积增大，因此更符合武术项目的特点。

三、速度力量和力量耐力

根据肌肉收缩的时间，力量可分为速度力量和力量耐力。速度力量是指肌肉在尽可能短的时间内发挥出最大力量的能力。快速用力（爆发力）是武术技术动作中肌肉用力的主要方式之一，故速度力量对武术运动员（特别是青少年运动员）极其重要。速度力量具有速度和力量综合的特征，因此，速度力量的提高受速度和力量的双重制约。在训练中，运动员通常结合专项动作，采用一定负荷量的快速动作练习或通过增加最大力量练习来提高速度力量。力量耐力是指当运动员克服一定外部阻力时，能坚持尽可能长的时间或重复尽可能多的次数的能力。武术竞赛套路中，运动员的机体代谢以无氧糖酵解为主，因此对力量耐力要求高。力量耐力的训练任务与武术专项耐力的训练任务应是一致的。

武术项目要求运动员的动作快速勇猛、刚劲有力。运动员从技术动作的用力方式上，可分别表现为快速用力（爆发力）、静止用力（定势动作、平衡动作）、缓慢用力（过渡动作、表现身法的动作）。根据武术项目的特点，运动员不仅要进行快速的力量练习，还需进行一些静力性练习，如站桩、控腿、持久平衡等。

武术项目发展力量素质的常用训练方法如下。

（一）上肢力量的训练方法

推撑动作主要参与工作的肌肉有胸大肌、斜方肌和肱三头肌等。提高这些肌肉力量的训练方法有以下几种。

（1）俯卧撑类：主要有手脚在同一平面的俯卧撑、脚置于高处的俯卧撑、俯卧撑击掌及“推车”等。这类练习要求身体保持挺直，屈臂时，两肘向后靠近体侧，胸部接近地面；臂伸直时，尽量将身体撑起，不可塌腰。

（2）手倒立类：主要有正靠倒立、反靠倒立、控倒立、推倒立及倒立爬行等。

（3）持重练习类：主要有卧举、坐举、颈后推举、持哑铃冲拳、哑铃“8”字操等。

悬垂拉引动作主要参与工作的肌肉和肌群有背阔肌、胸大肌、喙肱肌、肱二头肌、三角肌、肩胛下肌、冈下肌、大圆肌、小圆肌，以及前臂的屈指肌群等。提高这些肌肉和肌群力量的方法有以下两种。

（1）引体向上：可静止做或小摆动做，也可用不同的握法做，引体至胸与杠齐平或引体至颈后与杠齐平。

（2）爬绳（杆）：有手脚并用的爬绳（杆）或只用手的爬绳（杆），通常采用固定高度计时的方法来提高其速度力量。

（二）躯干力量的训练方法

腹肌的训练方法有仰卧起坐、仰卧举腿、仰卧两头起、肋木或单杠悬垂举腿、高低杠练习、直角悬垂控制等。

（1）仰卧起坐：身体仰卧在垫上或斜板上（头在低处），两腿伸直，两臂前举或两手抱头，上体前屈到手触脚面或肘触膝盖。

（2）仰卧举腿：身体仰卧，同伴站在练习者的头后，练习者两手抓住同伴的脚踝，两腿并拢向上抬起，同伴将练习者举起的腿向下推。

（3）仰卧两头起：身体仰卧，两臂、两腿同时上举，上起时手要触及脚背。

（4）肋木或单杠悬垂举腿：两腿收至脚背触手握的肋木或单杠。

（5）高低杠练习：手握高杠悬垂，两腿并拢同时绕越低杠。

（6）直角悬垂控制：手握高杠悬垂，两腿并拢抬起，与上体成直角。

背肌的训练方法有俯卧起上体、俯卧两头起、硬拉练习。

（1）俯卧起上体：两手抱头，同伴按住练习者的两小腿，使练习者的头与背部向上抬起；此练习既可在垫上做，也可在鞍马上做。

（2）俯卧两头起：身体俯卧，两手抱头，背部与两腿同时抬起。

（3）硬拉练习：弯腰抓握一定重量的杠铃或壶铃，做起身练习。

侧屈肌群的训练方法有如下两种。

（1）练习者侧卧在垫上，由同伴按住练习者的腿部，做连续身体侧起。

（2）练习者侧卧在垫上，做单侧腿连续侧起。

（三）下肢力量的训练方法

武术中的跳跃动作要求快速有力，达到起跳轻松、腾空高飘，这就要求运动员有很好的弹跳力。因此，下肢力量训练的重点是弹跳力的训练。下肢弹跳力的训练方法有以下几种。

（1）原地连续纵跳。

（2）单脚或双脚连续向前跳，每次10～20米的距离。

（3）立定跳远。

（4）双腿原地起跳时腾空团身，使大腿靠近胸部，上体保持正直，接着迅速伸展落地，连续做。

（5）跳绳，包括单腿连跳、双腿连跳、双腿双摇跳等。

（6）击步摸高、击步冲顶吊球、击步连续直体跳及各种转体跳。

（7）跳箱练习。选择40～50厘米高的跳箱，双腿纵跳跳上跳箱后，再跳到地面，然后再跳上跳箱，连续跳8～10次。

（8）双腿负重连续跳或跳越障碍物。

（9）肩上负重，如杠铃或同伴，做提踵练习，可手扶肋木或墙，连续做多次。

力量练习的方法有很多，运动员在选择练习方法和手段时，首先应考虑发展何种类型的力量素质。如要发展速度力量，则可采用规定次数计时的方法，如仰卧两头起10次计时；如要发展力量耐力，则可计10秒或20秒内完成该练习的最多次数；如要发展动力性力量，则可选择引体向上、跳箱练习等。其次要考虑不同部位的力量练习交替进行，如上肢和下肢、腹肌与背肌交替。这样，既可避免局部负担过大而造成肌肉疲劳，又可以提升练习的总体效果。

第二节　速度素质训练

速度素质反映了人体快速完成动作的能力。它包括反应速度、动作速度和位移速度。人的速度主要取决于中枢神经系统兴奋与抑制的转换速度，红肌纤维、白肌纤维的比例以及腺苷三磷酸（adenosine triphosphate，ATP）的含量及分解再合成的速度。因此，速度素质受遗传因素影响较大。

一、动作速度

速度素质是武术运动员的基本素质之一，尤其是动作速度，是充分发挥武术技术动作的保证。动作速度的快慢决定或影响着武术运动员技术水平的高低、竞技能力的强弱以及比赛的胜负。青少年的神经系统灵活性较高，身体结构和机能可塑性较大，有良好的适应速度训练的生理条件。因此，速度训练对提高青少年运动员的快速运动能力、完善武术技术动作有着重要意义。动作速度一般通过武术技术动作练习来提高，它的特点是规定较少的动作次数、要求运动员以最快的速度完成。提高青少年运动员的动作速度有如下方法和途径。

（一）单个动作系列重复法

练习时，一般选择主要的、典型的、有代表性的，并被运动员熟练掌握的动作，在不破坏正确技术动作的前提下进行。提高动作速度的练习，要求运动员用极限或接近极限的速度来完成每一次动作（或重复动作），并力求动作发力快、力点准，尽量缩短完成动作的时间，如以最快的速度完成若干次抡拍、拍脚、踢腿等；增加练习难度，最大限度地刺激运动员，使其动作速度得到提高。在练习过程中，一旦运动员出现技术变形，教练应马上令其停止练习，变换练习内容。教练也可采用变速的系列重复法来提高运动员的动作速度。例如，采用定量计时的方法，如连续正踢腿10次（秒）、连续左右乌龙盘打8次（秒）、连续俯卧撑5次（秒）、仰卧两头起10次（秒）、悬垂举腿10次（秒）等。教练还可采用定时计数的方法来提高运动员的动作速度，如在10 秒内规定必须完成多少次花枪、花棍、拦枪、拿枪、扎枪等。练习时，要保证动作速度不因疲劳而下降，一般不负重，教练可给予助力以加快速度。对动作速度的要求是逐渐达到最快并超过平时具有的习惯速度，但动作速度的提高要通过专项技术动作表现出来。快速动作练习要求运动员的中枢神经系统有较高的兴奋性，因此，速度素质的练习应安排在课程的前半部分。为调动青少年运动员练习的积极性，教练可采用比赛法等形式，并不断变换练习的部位（上下肢结合）和练习的内容（徒手或器械），掌握好合理的练习时间，重复次数过少或过多都不利于运动员动作速度的提高。

（二）条件刺激练习法

条件刺激练习法，是指利用声响、灯光等信号提供必要的动作节奏，控制动作速度的变化的方法。它也是在武术快速能力训练中经常采用的方法之一。条件刺激，就是给运动员一个已知的信号，使运动员按信号改变练习的速度或节奏。教练通常采用击掌、口令等方式，给运动员提示，使运动员加快完成动作的速度，直至动作速度达到最大，以提升动作速度的练习效果。

运动员的动作速度能力，还表现在快速完成若干连续动作的速度——组合动作速度上。提高运动员的组合动作速度，要在动作熟练的基础上，从连贯能力入手，把突出动作紧凑和连贯快速的动作组合筛选出来，进行组合动作速度练习，使运动员逐步缩短完成动作的时间，加快动作转换速度或加快完成技术动作的节奏。为提升训练效果，教练要提示运动员哪些组合动作该快、哪些环节该加快完成动作的速度、哪些步法该移动得更快，并且在练习时给予运动员信号刺激，使其建立组合动作的表象和节奏感，以获得最佳速度练习效果。

（三）完善技术动作，提高动作速度

运动员的动作速度在很大程度上取决于其技术动作的完善程度。运动员只有掌握正确合理的技术要领，建立良好的肌肉运动感觉，使肌肉紧张—放松交替，灵活快速，最大限度地减小肌肉工作的阻力，并善于轻松协调地完成动作，才能够充分发挥已有的速度素质。因此，运动员可通过完善技术动作来提高动作速度。

二、速度训练时的注意事项

运动员在发展速度素质时，首先要注意练习的强度、重复次数、组与组之间的间隔时间以及身体的恢复情况。根据运动时身体机能特点，速度训练主要是以

磷酸原系统（ATP-CP系统）供能为主，时间不超过8～10秒，以极限强度完成，每组练习后的休息时间要能够使运动员的身体机能得到完全恢复，而后才能开始下一组练习。此外，在速度训练中要注意防止速度障碍（即速度增长停滞甚至下降）的产生。其预防措施是在一定阶段内减少速度训练，而增加速度力量练习及其他一般素质练习和专项素质练习的比例，避免采用单调枯燥的练习方式。

武术中的速度训练常融于武术技术动作中。对于初学者而言，教练应特别注意其完成动作的正确姿势和动作的正确技术，在此基础上才能进一步要求其提高速度。

第三节　耐力素质训练

耐力素质是指机体克服工作过程中所产生的疲劳的能力，它可分为一般耐力和专项耐力两种。

一、一般耐力

一般耐力是运动员机体的各器官系统功能的综合表现，是在一般活动中表现出来的一种长时间工作的能力，它是专项耐力的基础。一般耐力训练可提高机体心血管系统、呼吸系统的功能，使运动员具有健康强壮的体质，为训练负荷量的增加创造条件，为发展专项耐力打下基础。发展一般耐力常采用的练习方法如下。

（一）连续训练法

发展运动员的一般耐力，通常运用连续训练法。例如，采用匀速持续跑的练习方法发展有氧耐力，并常以心率作为指标，控制练习的强度。一般认为，心率指标控制在（130～170）次/分为适宜状态，运动结束5分钟后，应恢复到120次/分以下。采用的手段如下。

（1）5公里左右越野跑。

（2）3～5分钟连续跳绳。

运动员也可采用变速持续跑的练习方法发展有氧耐力。采用的手段如下。

（1）400米（速度耐力）或800米、1500米跑。

（2）球类运动，如篮球、足球等。

进行无氧耐力训练时，在练习的内容、练习的形式和能量代谢的特点等方面，要考虑武术项目对运动员无氧耐力的需求，如常采用短距离跑、400米变速跑等练习。或者把各种不同的素质练习编成套路进行练习，并要求运动员在一定时间内完成一定的数量。随着运动员训练水平的提高，练习的负荷和强度也要随之增加，直至最大。

（二）间歇训练法

间歇训练法是指运动员在进行一定的练习之后，严格按照间歇时间进行休息，再进行练习的方法，这也是发展耐力素质常用的训练方法。练习的负荷强度为75%左右，心率为（170～180）次/分，间歇时间由长变得越来越短，重复次数少，如100米、200米、400米的间歇跑等。

二、专项耐力

专项耐力是指运动员在训练或比赛时所要求的时间内，最大限度地发挥机体能力、克服专项负荷所产生的疲劳的能力。

运动员在进行专项训练和比赛时，必须逐步适应和承担较大负荷的运动量和强度，克服随之产生的身体疲劳，以最佳技术完成任务，为创造优异成绩提供体力保证。因此，运动员必须通过专项耐力训练，提高抗疲劳能力，加强专项耐力储备。发展运动员的专项耐力有以下几种方法。

（一）重复训练法

这是在武术训练中经常采用的一种发展运动员的专项耐力的方法，如重复进行分段、半套、整套、超套的训练等。采用重复训练法，既可提高运动员对动作和套路的熟练程度，又可提高运动员的专项耐力和合理分配体力的能力，是一种发展专项耐力的有效方法。在重复进行分段、半套、整套、超套的训练时，要合理掌握间歇时间，尤其是在进行整套的训练时，强度较大，运动员每次训练后要得到充分休息直至完全恢复。重复训练的次数应随着运动员训练水平的提高而增加。采用重复训练法，在练习的时间和强度上，要尽量地使运动员在完成武术项目时，机体所需要的供能系统获得必要的能源储备。训练时运动员要避免简单机械的重复，选择的练习内容要搭配合理，要对自身的训练不断提出新的、更高的要求。

（二）间歇训练法

间歇训练法是一种严格控制练习的间歇时间，在运动员机体未完全恢复的情况下，就进行下一次（组）练习的方法。采用间歇训练法，可以有效地提高运动员的机体功能和发展专项耐力，如间歇进行 1/2 段、3/4 段、整套的训练。采用间歇训练法发展运动员的专项耐力，要根据其训练水平合理安排间歇时间、负荷和强度。

（三）模拟比赛法

模拟比赛法是在武术训练中发展运动员的专项耐力时经常使用的方法。采用模拟比赛法是指按比赛的要求进行专项练习，以极限负荷强度完成练习为主。因此，采用模拟比赛法能够有效地提高运动员合理分配体力的能力和发展专项耐力，并充分调动运动员的练习积极性，培养其良好的心理品质。

第四节　灵敏素质训练

灵敏素质训练是指为了提高运动员在短暂时间内迅速而灵活地支配身体位移的能力而进行的训练。灵敏素质是运动员反应速度、动作速度、协调能力的综合表现。

一、灵敏素质训练的主要方法

（1）躲闪练习。一人或多人做各种动作的进攻，练习者做躲闪练习。

（2）躲闪网球。一人或多人用网球投向练习者的身体各部位，练习者尽量躲闪网球。

（3）各种游戏练习。

二、发展灵敏素质的注意事项

（1）灵敏素质的发展有赖于其他素质的发展，训练中可广泛采用发展其他素质的办法来发展灵敏素质。

（2）发展运动员的灵敏素质对其掌握和改进技术动作十分重要，不仅在基础练习阶段要安排大量的发展灵敏素质的练习，在长期的练习过程中也要安排发展灵敏素质的练习。

（3）发展灵敏素质的手段要灵活多样，经常改变形式。

（4）运动员的灵敏素质的练习，一般可安排在课程的准备活动中，也可以与发展其他素质的练习同时进行。

第九章　武术竞赛的组织与裁判

为进一步健全传统武术套路竞赛机制，追求公正准确，引领传统武术技术方向，满足人民群众武术需求，结合传统武术套路发展实际，经过广泛征求意见，中国武术协会组织、修订、完善了传统武术套路竞赛规则，并于2024年4月29日印发《传统武术套路竞赛规则（2024）》。本章参照此规则执行。

第一节　竞赛组织机构

一、竞赛委员会

由主管竞赛部门的业务人员、承办单位负责组织竞赛业务的相关部门负责人以及技术官员等组成。负责整个赛事的竞赛组织工作。

二、竞赛监督委员会

（一）竞赛监督委员会的组成

由主任1人、副主任1人、委员2～4人组成。

（二）竞赛监督委员会的职责

（1）负责赛事的监督工作。

（2）监督、检查仲裁委员会及裁判人员的工作。

（3）监督、检查参赛运动队、运动员的比赛行为。

（4）对违反赛事规定的有关申诉人员、裁判人员及运动队，有权做出警告或处罚。

（5）不干涉仲裁委员会的判决及裁判组的评分。

三、仲裁委员会

（一）仲裁委员会的组成

由主任1人、委员2～4人组成。

（二）仲裁委员会的职责

（1）接受运动队的申诉，并及时做出裁决。仲裁委员会的裁决为最终裁决。

（2）负责确定比赛时每个场地仲裁摄像机的位置。运动队申诉时以场地仲裁摄像机为准。

四、裁判员的组成

（一）执行裁判

（1）总裁判长1人，副总裁判长1～2人。

（2）裁判组：裁判长1人，副裁判长1人，评分裁判员3人或5人。

（3）编排记录长1人，副编排记录长1～2人，编排记录员3～5人。

（4）检录长1人，副检录长1～4人，检录员每场地2～3人。

注：根据赛事规模可增加裁判组数量，以及副编排记录长、编排记录员、副检录长、检录员人数。

（二）辅助裁判员

（1）竞赛电子系统操作负责人1人，竞赛电子系统操作员每场地1人。

（2）宣告员1～2人。

（3）放音员1～2人。

（4）仲裁摄像员每场地1～2人。

五、裁判员的职责

（一）总裁判长的职责

（1）组织领导各裁判组的工作，保证竞赛规则、规程的执行，检查落实赛前各项准备工作。

（2）解释竞赛规则、规程，但无权修改。

（3）在比赛过程中，根据比赛需要可调动裁判员工作，裁判员发生严重错误时，有权处理。

（4）审核并宣布成绩，做好裁判工作总结。

（二）副总裁判长的职责

（1）协助总裁判长的工作，在总裁判长缺席时，由一名副总裁判长代行其职责。

（2）协助总裁判长负责本裁判组的业务学习。

（3）协助总裁判长检查落实场地、器材、编排记录处、检录处、音响及相关竞赛需要的用具。

（三）裁判长的职责

（1）组织本裁判组的业务学习，实施裁判工作。

（2）负责运动员场上演练的计时。

（3）执行比赛中套路时间不足或超出规定、重做、音乐及相关规程规定的扣分或加分。

（4）宣布运动员（队）的最后得分。

（5）裁判员发生严重的评判错误时，可向总裁判长建议给予相应的处理。

（四）副裁判长的职责

（1）协助裁判长的工作，在裁判长缺席时代行其职责。

（2）负责管理本场地检录组的工作，保证比赛有序进行。

（五）评分裁判员的职责

（1）服从裁判长的领导，参加本裁判组的业务学习，做好准备工作。

（2）认真执行规则，独立进行评分，并做好临场评分记录。

（3）负责运动员整套动作演练评分及其他错误的扣分。

（六）编排记录长的职责

（1）负责编排记录组的全部工作，审查报名表，并根据大会要求编排秩序册、成绩册。

（2）负责比赛现场评分记录的审核；如遇特殊情况，可根据总裁判长指意，现场进行有关项目上场组别、顺序的调整（含人员、项目的增加或删减）。

（3）打印比赛所需的各种表格，审查核实比赛成绩及排列名次，打印成绩单，打印比赛证书。

（4）比赛采用电子计分系统时，须做好裁判组与竞赛电子计分系统操作组的协调工作，保证竞赛成绩正确无误。

（5）如遇同分时，按规则规定处理好成绩，确定名次。

（七）副编排记录长的职责

（1）协助编排记录长的工作，协助编排记录长赛前报名数据审核、编排工作。

（2）负责赛时奖牌、奖杯、牌匾、证书管理，以及比赛证书的打印、发放与记录等工作。

（八）编排记录员的职责

根据编排记录长分配的任务进行工作。

（九）检录长的职责

（1）负责在赛前协调、安排、布置场地，落实各场地检录处位置、运动员入场和退场的位置及标记。

（2）负责按时序检录，如有变化，及时报告裁判长和宣告员。

（3）负责赛前对检录员、志愿者进行培训，安排指定场地的检录员的工作。

（4）负责安排颁奖仪式的检录工作。

（十）副检录长的职责

（1）协助检录长的工作，协助检录长赛前对检录员、志愿者的培训。

（2）按照检录长分工负责组织指定场地的检录工作。

（十一）检录员的职责

（1）根据检录长分配的任务进行工作。

（2）按照比赛规则时序进行检录，运动员检录三次不到场按弃权论处。提前五分钟将比赛运动员带入场地候场。

（3）比赛开始前将上场运动员带进场地，向裁判长行抱拳礼后向裁判长递交检录表，然后带运动员退场，准备比赛。

（4）负责指定运动员进场地、出场地及等候分数的位置，保证场内竞赛秩序井然。

（5）负责多名运动员同时上场时的起势位置的确定。

六、部分辅助工作人员的职责

（一）宣告员

（1）向观众介绍有关竞赛规程、规则、比赛规模、传统武术拳种及项目特点等知识。

（2）宣告比赛成绩。

（二）放音员

（1）负责收集备份运动员（队）的比赛音乐。

（2）负责运动员（队）比赛时音乐的播放（在运动员所在队负责人指定下进行播放）。

（三）仲裁摄像员

对全部竞赛场地比赛项目进行现场摄录，将录像按竞赛委员会的规定全部存档保留。

第二节 竞赛通则

一、竞赛类型

（1）按形式可分为：个人赛、团体赛、个人及团体赛。

（2）按年龄可分为：成年赛、青少年赛、儿童赛。

（3）按赛制可分为：积分赛、淘汰赛。

二、竞赛项目

（一）竞赛套路

（1）各种武术拳种流派的传统套路，包括单练的拳术、器械，以及对练和集体项目。

（2）在群众中广泛流传的其他武术套路，包括各种规定套路的拳术、器械。

注：不包括竞技武术套路中有高难度跳跃动作的竞技套路。

（二）展演项目

以武术动作为主要内容，并具有一定艺术性的集体武术综艺展演项目；展示挖掘整理的珍稀传统拳种技术，以及守正创新的武术科学健身方法等项目。

三、竞赛组别

儿童组（A组）：11周岁及以下。

少年组（B组）：12周岁至17周岁。

青年组（C组）：18周岁至39周岁。

中年组（D组）：40周岁至59周岁。

老年组（E组）：60周岁及以上。

四、确定比赛顺序

在仲裁委员会主任和总裁判长的监督下，抽签确定比赛顺序。

五、检录

第一次检录时间在赛前30分钟，第二次检录时间在赛前20分钟，最后一次检录时间在赛前10分钟。

六、礼仪

运动员听到裁判长点名上场、完成比赛套路并步结束后及裁判长现场宣告成绩时，应向裁判席行抱拳礼。

七、计时

运动员由静止姿势开始做动作，计时开始；运动员结束全套动作并步站立后，计时结束。

八、示分

运动员的比赛结果，公开示分。

九、弃权

运动员三次检录不到者按弃权论处。

十、申诉

（一）申诉内容

裁判长对运动员完成套路的时间不足或超出规定的扣分。

（二）申诉范围

仅限于领队和教练对本队运动员的比赛结果有异议。

（三）申诉程序

参赛队对裁判长扣分有异议时，必须在该运动员比赛结束后15分钟内，由该队领队或教练向仲裁委员会以书面的形式提出申诉，同时交付1000元申诉费。

（四）申诉要求

一次申诉仅限一项内容。

（五）申诉的处理

（1）仲裁委员会根据运动队申诉的内容立刻复议，并给出仲裁结论，仲裁委员会的裁决为最终裁决。

（2）仲裁委员会会议表决票数超过半数的决定为有效。表决时，如表决票数相等，仲裁委员会主任有决定权。仲裁委员会委员不参加与本人所在会员协会有牵连问题的讨论与表决。

（3）如申诉理由不成立，则维持原判，不退申诉费。如果申诉理由成立，仲裁委员会提请竞赛监督委员会对错判的裁判员按有关规定处理，但不改变评判结果，退回申诉费。

（4）运动队必须服从仲裁委员会的最终裁决，如果因不服裁决而无理纠缠，将视情节轻重，仲裁委员会可建议竞赛监督委员会给予该运动队严肃处理，直至取消比赛资格。

（5）裁决结果应及时报送竞赛监督委员会备案，同时以书面的形式通知提出申诉的运动队。

十一、兴奋剂检测

根据世界反兴奋剂机构和国家体育总局的有关要求，进行兴奋剂检查。

十二、名次和等级奖项的评定

（一）名次评定

1.个人项目、对练项目和集体项目名次

一般按比赛的成绩高低排列名次。得分最高者为该单项的第一名，次高者为第二名，依次类推；若采用淘汰赛制，最后一轮决赛胜出者为第一名，负者为第二名，半决赛负者决出三、四名，依次类推。具体可按照竞赛规程规定执行。

2. 个人全能名次

一般按各单项积分的总和进行评定，得分最高者为全能第一名，次高者为第二名，依次类推。具体可按照竞赛规程规定执行。

3. 团体名次

一般按照竞赛团体名次的积分办法进行评定，得分最高者为团体第一名，次高者为第二名，依次类推。具体可按照竞赛规程规定执行。

（二）得分相等的处理

（1）个人项目、对练项目得分相等时名次可并列。

（2）个人全能得分相等时，以比赛中获单项第一名多者列前；如仍相等，则以获得第二名多者列前，依次类推；如获得所有名次均相等，则名次并列。

（3）团体总分相等时，以全队获得单项第一名多者列前；如仍相等，则以获得第二名多者列前，依次类推；如获得单项名次均相等，则名次并列。

（三）等级奖项的评定

个人项目、对练项目、集体项目分别设一、二、三等奖。一般确定获奖等级的方法是按各项最后得分从高到低排序，各奖项的比例按照竞赛规程规定执行；若采用淘汰赛制，最后一轮决赛胜出者为一等奖，负者为二等奖，半决赛负者为三等奖。具体可按照竞赛规程规定执行。

十三、集体展演项目的评定

（一）集体展演项目奖项设一、二、三等奖

确定获奖等级的方法是按得分从高到低排序，各奖项的比例按照竞赛规程规定执行。

（二）集体展演项目也可设置其他特别奖项

集体展演项目设置的特别奖项按照竞赛规程规定执行。

十四、套路完成时间的规定

（一）传统个人项目和对练项目

（1）传统拳术、器械及对练完成套路时间为40秒至2分钟（太极拳项目除外）。

（2）运动员完成套路时间凡不足或超出规定时间在5秒以内（含5秒）的扣0.1分。

（二）太极拳项目

（1）传统各式太极拳、械套路：完成套路时间为3～4分钟，运动员演练至3分钟时，裁判长鸣哨提示。

（2）国家规定太极拳、械套路：完成套路时间为3～6分钟，运动员演练至5分钟时，裁判长鸣哨提示。

（3）运动员完成套路时间凡不足或超出规定时间在5秒以内（含5秒）的扣0.1分。

（三）集体项目

完成套路时间为3～6分钟。

（四）集体展演项目

完成套路时间不得超过5分钟。

（五）运动员比赛时完成套路的时间

裁判组用2块秒表同时计时，以较接近规定时间的1块秒表所计时间为准。

根据竞赛性质和竞赛内容的不同，可在竞赛规程中对完成套路时间做出相应的规定。

十五、配乐

（1）凡配乐项目必须使用纯音乐，音乐须与套路演练相协调。

（2）动作开始的前奏曲须控制在10秒以内；动作结束后音乐结束；音乐须使用MP3播放器录制，各运动队须独立录制比赛音乐。

（3）各运动队须配合放音员完成本队比赛音乐播放。

（4）音乐有说唱词者，由裁判长扣0.2分。

十六、未完成套路规定

运动员未按竞赛规程规定完成套路或中途退场者不予评分。

十七、重做

运动员因客观原因造成比赛套路中断，可以申请重做一次。重做项目可安排在该类项目最后一名上场，若出现最后一名选手重做，则允许其适当休息后上场比赛。

十八、服装

（1）裁判员应穿统一规定服装。

（2）运动员须穿武术比赛服装和武术鞋。

十九、竞赛场地

（1）个人项目和对练项目的竞赛场地长14米、宽8米，场地四周内沿应标明5厘米宽的白色边线。场地周围至少有2米宽的安全区域。

（2）集体项目的竞赛场地长16米、宽14米。

（3）竞赛场地的地面空间高度不少于8米；两个场地之间的距离在4米以上。

（4）场地灯光垂直照度和水平照度不低于1200勒克斯。

二十、比赛器械与设备

（1）比赛器械使用本项目武术器械或由竞赛规程规定的器械。

（2）比赛设备按照中国武术协会的要求与技术标准执行。

第三节　评分方法与标准

一、分值

各项目满分为10分。

二、评分方法

（1）5名评分裁判员根据运动员（队）现场演练的技术水平，依据演练水平等级评分标准，确定运动员（队）的等级分数，减去运动员（队）演练中出现的“其他错误”的扣分，即为运动员（队）的得分。裁判员评分可取到小数点后2位数，尾数为0～9。

（2）应得分的确定。

将5名裁判员的评分去掉最高分和最低分，取中间三个分数的平均值为运动员（队）的应得分。应得分可取到小数点后2位数。

（3）最后得分的确定。

裁判长依据竞赛规程规定从运动员（队）的应得分中进行扣分或加分，即为运动员（队）的最后得分。

三、评分标准

（一）等级评分标准

演练水平的等级评分标准分为3档9级。按照以下不同组别分别实施。

（1）成年组（C、D、E 组）：8.75～10.00分为优秀；8.00～8.74分为良好；7.00～7.99分为尚可。（详见表1）

（2）少年组（B 组）：8.00～8.75分为优秀；7.25～7.99分为良好；6.50～7.24分为尚可。（详见表2）

（3）儿童组（A 组）：7.25～8.00分为优秀；6.50～7.24分为良好；5.75～6.49分为尚可。（详见表3）

（二）传统拳、械项目评分标准

动作规范，方法正确，劲力充足，用力顺达，力点准确，手眼身法步及身械配合协调，节奏恰当，拳种风格突出，全神贯注，动作内容充实，结构合理，项目的音乐风格应与项目特点和谐一致。

（三）对练项目评分标准

动作方法准确，攻防合理，动作熟练，配合严密，内容充实，结构紧凑，意识逼真，风格突出。

（四）集体项目评分标准

动作规范，方法准确，技术熟练，拳种风格突出，动作一致，队形整齐，内容充实，布局匀称，队形图案多变，项目的音乐风格应与项目特点和谐一致。

（五）太极拳、械评分标准

动作规范，方法正确，用力顺达，力点准确，神态自如，意识集中，虚实分明，连贯圆活，速度适宜，风格突出，手眼身法步及身械配合协调，陈式太极拳表现出刚柔相济的发力特点。

（六）集体展演项目等级评分总体要求

（1）以武术技术为主要内容，并能较好地吸收和融合其他艺术元素。

（2）能较好地利用其他艺术的表现手法，来烘托项目展示。

（3）结构严密，内容充实，技术熟练，配合默契，主题突出，富于时代气息，充分展现积极、健康、向上的精神风貌。

（4）音乐与主题和动作配合紧密、和谐顺畅。

（5）富有创新意识。

（七）其他错误内容及扣分标准

（1）遗忘动作：每次扣0.1分。

（2）失去平衡：上体晃动，脚移动或跳动扣0.1分；附加支撑，扣0.2分；倒地，扣0.3分。

（3）器械、服装影响动作：扣0.1分。

（4）器械变形［触地、脱把、碰（缠）身、弯曲变形］：扣0.1分。

（5）器械折断：扣0.3分。

（6）器械掉地：扣0.3分。

（7）对练项目：击打落空，扣0.1分；误中对方，扣0.2分；误伤对方，扣0.3分。

（8）出界：扣0.1分。

以上错误每出现一次，扣一次；在一个动作中，同时发生两种以上其他错

误，应累计扣分。（详见表4）

（八）裁判长扣分及加分

（1）完成套路时间不足或超出的规定。

①运动员完成套路时间，凡不足规定时间或超出规定时间在5秒以内（含5秒），扣0.1分；不足规定时间或超出规定时间在5秒以上、10秒以内（含10秒），扣0.2分；不足规定时间或超出规定时间在10秒以上，扣0.3分，最多扣0.3分。

②运动员超出规定时间扣分已达0.3分时，裁判长应提示运动员立即中断套路并收势，此种情况应视为运动员完成套路。

（2）运动员在规定套路比赛中每漏做或多做一个完整动作，扣0.1分，最多扣0.5分。

（3）运动员因主观原因未完成套路，经裁判长同意可重做一次。运动员重做后，裁判长在其应得分的基础上，扣1分。运动员因客观原因未完成套路，可重做一次，不扣分。

（4）集体项目比赛的规定人数，每减少或增加1人，扣0.5分。

（5）配乐不符合竞赛规程规定者，扣0.1分。

（6）传统拳种各流派项目在演练中出现竞技武术套路中所规定的高难度动作，每出现一次，扣1分。

（7）裁判长为鼓励珍稀传统拳种传承发展、集体项目编排创新、特殊人群参与全民健身赛事，可加0.1～0.15分，具体可根据竞赛规程执行。

四、其他

（1）本规则适用于全国及省、自治区、直辖市各级传统武术套路的比赛，以及全民健身群众性武术比赛。在竞赛性质、任务有特殊要求时，可在竞赛规程中做出相应规定。

（2）本规则自颁布之日起试行。

（3）本规则由中国武术协会负责解释。

表1　成年组（C、D、E 组）等级评分标准

等别		级别	评分分值
优秀	上	①级（A+）	9.25 ~ 10.00
	中	②级（A）	9.00 ~ 9.24
	下	③级（A−）	8.75 ~ 8.99
良好	上	④级（B+）	8.50 ~ 8.74
	中	⑤级（B）	8.25 ~ 8.49
	下	⑥级（B−）	8.00 ~ 8.24
尚可	上	⑦级（C+）	7.75 ~ 7.99
	中	⑧级（C）	7.50 ~ 7.74
	下	⑨级（C−）	7.00 ~ 7.49

表2　少年组（B 组）等级评分标准

等别		级别	评分分值
优秀	上	①级（A+）	8.50 ~ 8.75
	中	②级（A）	8.25 ~ 8.49
	下	③级（A−）	8.00 ~ 8.24
良好	上	④级（B+）	7.75 ~ 7.99
	中	⑤级（B）	7.50 ~ 7.74
	下	⑥级（B−）	7.25 ~ 7.49
尚可	上	⑦级（C+）	7.00 ~ 7.24
	中	⑧级（C）	6.75 ~ 6.99
	下	⑨级（C−）	6.50 ~ 6.74

表3　儿童组（A 组）等级评分标准

等别		级别	评分分值
优秀	上	①级（A+）	7.75 ~ 8.00
	中	②级（A）	7.50 ~ 7.74
	下	③级（A−）	7.25 ~ 7.49

续表

等别		级别	评分分值
良好	上	④级（B+）	7.00～7.24
	中	⑤级（B）	6.75～6.99
	下	⑥级（B-）	6.50～6.74
尚可	上	⑦级（C+）	6.25～6.49
	中	⑧级（C）	6.00～6.24
	下	⑨级（C-）	5.75～5.99

表4　其他错误内容及扣分标准

错误种类	错误内容及扣分标准		
	扣0.1分	扣0.2分	扣0.3分
器械、服装影响动作	▲刀彩、剑穗掉地或缠身 ▲服装开纽或撕裂 ▲服饰、头饰掉地 ▲鞋脱落		
器械变形、折断、掉地	▲器械触地 ▲器械脱把 ▲器械碰（缠）身 ▲器械弯曲变形		▲器械折断（含即将折断） ▲器械掉地
出界	▲身体任一部位触及边线外地面		
失去平衡	▲上体晃动，脚移动或跳动	▲手、肘、膝、足、器械的附加支撑	▲倒地（双手或肩、头、躯干、臀部触地）
遗忘动作	▲遗忘一次		
对练项目	▲击打落空	▲误中对方	▲误伤对方

注：运动员在一次失误中若出现多种以上所列举的其他错误，应累计扣分。
资料来源：中国武术协会.传统武术套路竞赛规则：2024[EB/OL].(2024-05-02)[2024-07-30]. https://wushu-api.wushu.com.cn/upload/20240502/171466155520778.pdf.

附1

传统武术比赛代表队人员信息报名表（一）

<table>
<tr><td colspan="2">代表队名称</td><td colspan="3"></td><td>省区市</td><td colspan="2"></td><td>所属区域</td><td>□境内*
□港澳台</td><td>□世界各国</td><td>队总人数</td><td></td></tr>
<tr><td colspan="2">代表队组织人联系方式（必填）</td><td colspan="3">联系地址：
联系人：</td><td colspan="4">邮编：
手机：
固定电话（加区号）：</td><td colspan="4">电子邮箱：
传真：
QQ 号：</td></tr>
<tr><td colspan="13">参赛人员信息</td></tr>
<tr><td>序号</td><td>姓名</td><td>身份</td><td>性别</td><td colspan="2">身份证号码</td><td>段位</td><td colspan="2">段位证号码</td><td>委托保险</td><td colspan="2">本人手机号</td><td>备注</td></tr>
<tr><td>1</td><td></td><td></td><td></td><td colspan="2"></td><td></td><td colspan="2"></td><td></td><td colspan="2"></td><td></td></tr>
<tr><td>2</td><td></td><td></td><td></td><td colspan="2"></td><td></td><td colspan="2"></td><td></td><td colspan="2"></td><td></td></tr>
<tr><td>3</td><td></td><td></td><td></td><td colspan="2"></td><td></td><td colspan="2"></td><td></td><td colspan="2"></td><td></td></tr>
<tr><td>4</td><td></td><td></td><td></td><td colspan="2"></td><td></td><td colspan="2"></td><td></td><td colspan="2"></td><td></td></tr>
<tr><td>5</td><td></td><td></td><td></td><td colspan="2"></td><td></td><td colspan="2"></td><td></td><td colspan="2"></td><td></td></tr>
<tr><td>6</td><td></td><td></td><td></td><td colspan="2"></td><td></td><td colspan="2"></td><td></td><td colspan="2"></td><td></td></tr>
<tr><td>7</td><td></td><td></td><td></td><td colspan="2"></td><td></td><td colspan="2"></td><td></td><td colspan="2"></td><td></td></tr>
<tr><td>8</td><td></td><td></td><td></td><td colspan="2"></td><td></td><td colspan="2"></td><td></td><td colspan="2"></td><td></td></tr>
</table>

注：1.填报顺序：先填写参赛运动员，后填写领队、教练、队医等随队人员。

2.身份填写为：运动员、领队、教练、队医等。

3.此表可复制，可在此网址下载：www.wushu.com.cn。

*此处境内表示关境内。

签名和盖章：

年　　月　　日

传统武术比赛参赛项目报名表（二）

代表队全称（盖章）：　　　　　代表队简称（用10个以内汉字简写）：

领队（姓名和性别）：　　　　　移动电话：　　　　　教练（姓名和性别）：　　　　　移动电话：

序号	性别	姓名	组别	出生年月日	参赛项目										
					传统拳术类项目				传统器械类项目				对练项目		集体项目
					太极拳	南拳	其他拳术		拳种名称或类别	单器械	双器械	软器械	项目名称	运动员姓名	
					项目名称	项目名称	拳种名称或类别	项目名称		项目名称	项目名称	项目名称			
1	男子														
2															
3															
4															
5	女子														
6															
7															
8															

注：1.请按竞赛规程中竞赛项目分类在参赛项目栏内填写套路具体名称。对练项目、集体项目栏内填写具体项目名称时须在兼项运动员对照栏里画“√”。

2.在其他拳术和传统器械类项目栏中须注明单项拳种和套路的全称。

3.填表时，请先填写男子项目，再填写女子项目，分别从A组到E组按顺序依次填写。

4.此表可复制，可在此网址下载：www.wushu.com.cn。

附2

传统武术比赛参赛代表队统计表

序号	代表队		队数	领队	教练	队医	随队	运动员			人员合计	项目数				项目合计
	区域	团队名称						男	女	小计		拳术	器械	对练	集体	

传统武术比赛各类项目参赛人数统计表

序号	项目类	女子各年龄组各类项目参赛人数					男子各年龄组各类项目参赛人数					参赛总人数
		FA	FB	FC	FD	FE	MA	MB	MC	MD	ME	

附3

传统武术套路竞赛裁判员评分记录表

项目：　　　　　　　　　　　　　　　　　　　月　　日　　场　　组

上场序号	评分记录		应得分	最后得分
	等级评分	其他错误内容扣分		

第　　　号裁判员（签名）：

传统武术套路竞赛裁判长评分记录表

项目：　　　　　　　　　　　　月　日　午（晚）第　场　第　组

序号	姓名	单位	年龄组别	完成时间	裁判员评分						裁判长扣分	裁判长调整分	最后得分
					裁判员评分记录					应得分			
					1	2	3	4	5				

裁判长：　　　　　　　　　　　　　　临场记录员：

附4

传统武术比赛个人项目、对练项目成绩表

性别　　组别　　项目类　　第　　场地　第　　组　　年　月　日　时

序号	运动员编码	姓名	队名	项目名称	成绩	名次/等级

总裁判长：　　　　　　　　编排记录长：

传统武术比赛集体项目成绩表

第　　场地　第　　组　　　　　　　　年　月　日　时

序号	单位编码	队名	项目名称	成绩	名次/等级

总裁判长：　　　　　　　　编排记录长：

传统武术比赛个人全能成绩表

性别　　　　　　组别　　　　　　　　　　　　　年　　月　　日

序号	姓名	队名	项目1	成绩1	项目2	成绩2	项目3	成绩3	全能总分	名次/等级

总裁判长：　　　　　　　　　　　　　　　编排记录长：

传统武术比赛团体总分成绩表

序号	单位	全能选手1	成绩1	全能选手2	成绩2	全能选手3	成绩3	全能选手4	成绩4	全能选手5	成绩5	全能选手6	成绩6	团体总分	名次/等级

总裁判长：　　　　　　　　　　　　　　　编排记录长：

附5

传统武术比赛责任声明书

运动员姓名：　　　　　性别：　　　　　身份证号码：

请各位运动员阅读，了解并同意遵守下列事项。

（1）清楚了解，任何意外伤亡事故，参赛运动员必须负完全的责任。

（2）主办方和承办方对在比赛时所发生的任何意外事故及灾难，不承担任何责任。

（3）参赛运动员保证没有摄取任何药物（兴奋剂）或毒品。

（4）参赛运动员保证没有参与或涉嫌任何非法活动。

（5）参赛运动员保证在身体上及精神上是健康健全者，适合参加竞技比赛。

（6）参赛运动员须自行保管个人财物与贵重物品，在赛场内所发生的任何遗失、偷窃或损坏事件，主办方和承办方不承担任何责任。

（7）清楚了解承办单位在赛事中提供的有关医疗救援的一切措施，是最基本的急救方法；在进行急救时所发生的一切意外事故，均由参赛运动员本人全部承担责任。

（8）参赛运动员同意以及遵守由中国武术协会制定的一切有关赛事规则、规程，如有任何异议，均须遵照大会申诉条例进行。

（9）参赛运动员对于一切活动，包括练习、比赛及各种活动，可能被拍摄或录影或电视现场直播等，同意由中国武术协会以全部或部分形式、以任何语言、无论是否包括其他物资，在无任何限制下，使用本人的姓名、地址、声音、动作、图形及传记资料以电视、电台、录像、媒体图样或任何媒介设备，乃至今后有所需要的时候，本人将不做任何追讨及赔偿。

本人在此签字承认，同意及确定我已经阅读，明确了解并同意遵守以上所列的所有条款/事项：

申请人姓名：签名/日期　　　　家长（监护人）的姓名：签名/日期

(未满18周岁的运动员请由家长签名)

见证人（代表队负责人）：签名/日期

注：本声明书每人1份，独立填写。

附6

传统武术比赛申请姓名、项目更正表

代表队名称：　　　　领队（或教练）签名：　　　联系电话（必填）：

序号	编号	姓名	性别	组别	项目更正		姓名更正	
					项目名称及所在页码	申请更正的项目名称及所在页码	姓名及所在页码	申请更正的姓名及所在页码
1								
2								
3								
4								
5								

注：1.请各运动队认真核对秩序册中的本队每名运动员的姓名和项目，若有误，请认真填写此表，并务必于×年×月×日×点前由领队或教练递交至大会组委会。无异议者不予填写。

2.赛会编排记录组将此表中填写的内容与原始报名表进行核对，如与原始报名表不符者，不予更正。

附7

全场比赛裁判席位图

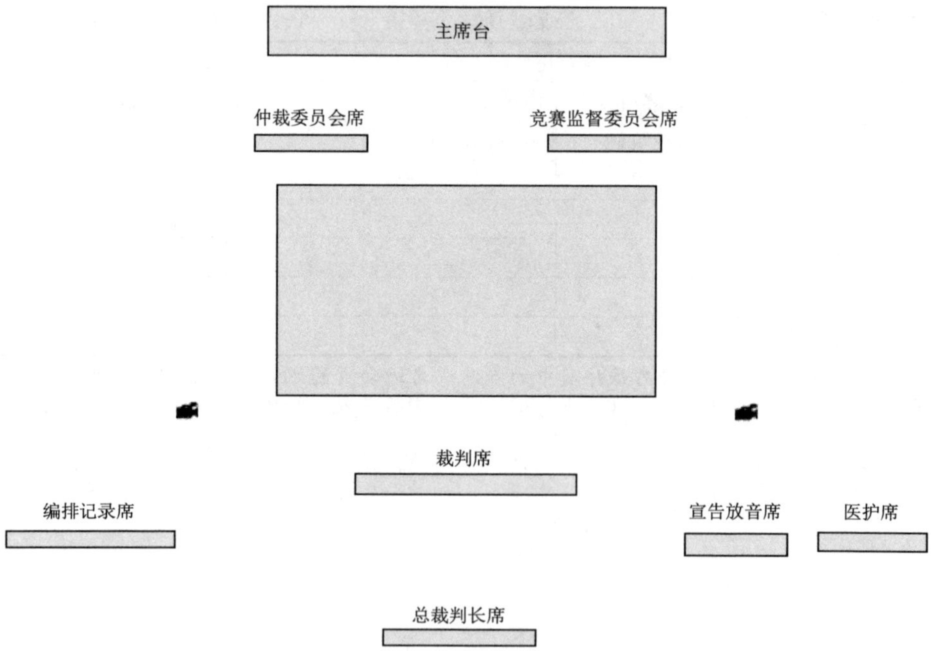

比赛时裁判座位图

①	②	☆	★	△	③	④	⑤

说明：裁判席在主席台对面，裁判员之间要有 50 厘米的间距。

①②③④⑤为裁判员

★ 为裁判长

☆ 为副裁判长

△ 为记录员

为仲裁摄像机位